中国多维福利不平等与机会不平等研究

江求川　著

中国财经出版传媒集团
经济科学出版社
Economic Science Press

图书在版编目（CIP）数据

中国多维福利不平等与机会不平等研究/江求川著．
—北京：经济科学出版社，2018.8

ISBN 978-7-5141-9653-5

Ⅰ.①中… Ⅱ.①江… Ⅲ.①社会福利-研究-中国
②机遇-研究-中国 Ⅳ.①D632.1 ②C964.2

中国版本图书馆CIP数据核字（2018）第191671号

责任编辑：程新月
责任校对：王苗苗
责任印制：李 鹏

中国多维福利不平等与机会不平等研究

江求川 著

经济科学出版社出版、发行 新华书店经销

社址：北京市海淀区阜成路甲28号 邮编：100142

教材分社电话：010-88191309 发行部电话：010-88191522

网址：www.esp.com.cn

电子邮件：esp@esp.com.cn

天猫网店：经济科学出版社旗舰店

网址：http://jjkxcbs.tmall.com

北京密兴印刷有限公司印装

710×1000 16开 12.5印张 180000字

2018年10月第1版 2018年10月第1次印刷

ISBN 978-7-5141-9653-5 定价：38.00元

前言

中国在过去三十多年里创造了经济发展的奇迹，贫困人口迅速减少，人民生活水平有了明显改善。但在“唯 GDP 论”的政策导向下，各级政府在制定和评估政策时以经济发展为标准，政绩考核“唯 GDP 论英雄”，而非经济方面的发展没有受到应有的重视。这种不协调的发展使得居民生活质量没有得到应有的提升。2013 年的人类发展报告显示：中国人均国民收入位居全球第 90 位，而更能反映居民生活质量的人类发展指数却位居全球第 101 位，两种排名之间的差距更是全球领先。如此巨大的差距除了因为“唯 GDP 论”的政策导向，也与越来越严重的社会不平等问题息息相关。

在经济高速增长的同时，中国的社会不平等问题也渐渐凸显，这不仅体现在收入差距不断扩大，还体现在教育不平等、健康不平等以及其他维度的不平等问题。这些不平等使得社会的福利分布不平等比任何单一维度的不平等问题都要复杂。福利分布不平等进一步损害整个社会的福利水平，加剧了经济增长与福利增长之间的脱节程度。此外，收入不平等、教育不平等和健康不平等等都是结果不平等，这些结果不平等可能源自机会分配的不平等，也可能是人们自身责任因素引起的分配差异。机会不平等往往更不容易被社会大众所接受，甚至会抑制经济发展。这使得经济发展与福利发展之间的关系更为复杂。应对这些复杂问题需要我们更清楚地认识中国当前的不平等问题。阿玛蒂亚·森（Amartya Sen）的能力分析法提供了非常有借鉴意义的分析视角。本书在能力分析框架下，从多维福利不平等和机会不平等这两个方面探讨中国当前的不平等问题。

多维福利和机会都是阿玛蒂亚·森在能力分析法中所强调的内容。在此框架下发展起来的多维福利不平等和机会不平等都是现代福利经济学中的前沿课题。然而，国内有关这两个方面的研究还比较少见，极少数相关的研究中还存在许多不足。本书将这两个不平等问题结合起来探讨，可以为理解中国当前的不平等问题提供更全面、更新颖的视角，也可以为相关的政策制定提供更丰富的经验依据。本书的主要结论包括：

(1) 经济发展与社会福利发展不协调的微观机制在于，经济增长没有使得那些原本在非货币方面就处于不利地位的居民更多地享受增长的成果，相反，那些原本已经在非货币方面比较有利的居民在经济增长过程中获益较多。这也意味着经济不平等并不能正确反映福利不平等。

(2) 在收入、健康和教育三个维度的情况下，中国居民的福利不平等程度在加剧，且福利不平等对整个社会的福利水平造成的损失大约在15%左右。中国居民的福利不平等主要由收入不平等导致，其次是教育不平等，二者解释了福利不平等的88%左右。健康不平等和收入、健康与教育三者之间的相关性在福利不平等中的作用相当，二者解释了福利不平等的12%左右。分城乡的估算结果表明，城市内部的福利不平等程度要低于农村内部。中国多维福利不平等的变化趋势在大部分参数设定下是比较稳健的。选用其他合理的社会福利函数形式也不会影响对多维福利不平等变化趋势的判断。然而，不同的参数设置对多维不平等的分解估算有较大影响。收入、健康和教育三者之间的相关性对福利不平等的作用随着不平等厌恶系数的增加（在常用值范围内）而增加。

(3) 中国城市居民在获取个人收入时面临着较为严重的机会不平等，收入的机会不平等在加剧，且上升速度大于收入不平等的上升速度，这意味着个人责任因素（努力）在收入差距形成中的作用在弱化，也意味着中国的收入流动性在固化。中国居民的收入机会不平等不仅体现在起点时的机会不平等，还体现在过程中的机会不平等，这使得机会平等呈现出“累积”的现象。女性居民面临更严重的收入机会不平等；中西部地区面临的机会不平等比东部省份更严重。中国城市居民的收入机会不平等在多种机会不平等测度指标下所得的结果比较稳健。此外，对总机会不平等的分解表明，家庭背景在形成收入机会不平等中的作用越来越重要，尤其是父母的教育水平。性别虽然也是导致收入机会不平等的重要因素，但它在机会不平等中的作用保持相对稳定的趋势。

（4）居民的主观机会不平等与居民的再分配偏好和流动性预期显著相关，越是认为机会公平的居民越倾向于有向上流动的预期，也越不支持再分配政策。

江求川
2018 年 7 月

目　录

第 1 章

绪　　论

1.1　研究背景与问题提出

联合国开发计划署（United Nations Development Programme，UNDP）2013 年发布的第 22 份人类发展报告指出：进入 21 世纪以后，南方国家发展迅猛，在交通、通信、教育和公共卫生等方面取得了很大成就。仅中国、印度和巴西这三大金砖国家的经济总产出就已经与美、英、法、德、意和加拿大这 6 大老牌的北方工业国家的经济总产出相当，并预计在 2020 年会超过这 6 个传统工业国。然而，报告也同时指出，中国存在发展不平衡的问题，尤其是收入差距不断扩大，各种不平等现象蔓延，会进一步抑制中国社会的全面和谐发展。中国的发展不平衡问题可以通过人类发展指数（Human Development Index，HDI）在全球的排名与经济发展水平在全球排名的差异体现出来。根据 2015 年 188 个国家和地区的数据，中国人均国民收入排第 82 位，但人类发展指数（Human Development Index，HDI）排第 90 位。这种发展不平衡问题也引起了党中央的重视，党的十九大报告指出，中国特色社会主义进入了新时代，社会主要矛盾已经转化为人民日益增长的美好生活需要和不平衡不充分的发展之间的矛盾。与此同时，中国面临跌入"中等收入陷阱"的风险（蔡昉，2011；郑秉文，2011）。成功跨越

"中等收入陷阱"既要求我们把握好公平与效率之间的短期取舍，又要求我们重视公平带来的长期效益。权衡公平与效率的关键在于促进机会公平（世界银行，2006）。这些事实激励着我们重新审视中国当前社会的不平等问题。阿玛蒂亚·森的能力分析法为我们研究中国的不平等问题提供了有价值的分析视角。

1.1.1 中国的经济增长与多维福利增长相脱节

经济增长与福利发展之间可能出现脱节的原因在于福利是多维的，经济发展并不意味着福利有同步的发展。福利多维性是森（1980，1985，1992，2009）在能力分析法中提出的重要思想之一，它已经成为不平等、贫困、社会福利以及相关政策分析的重要视角（德坎库和鲁戈，2013；马苏米和亚龙斯基，2013）。利用福利多维性思想构建的HDI被广泛用于评估各国公共政策的成效（福斯特等，2013）。福利多维性意在引导各国政府在制定和评估政策时关注民生发展而非以GDP增长为唯一政策目标。中国在进入"十二五"以后，告别"唯GDP论"受到了前所未有的关注。党的十八届三中全会进一步指出："全面深化改革必须以促进社会公平正义、增进人民福祉为出发点和落脚点。"这体现了政策制定者对低福利增长问题的重视。

图1-1和图1-2分别是全球159个国家和地区2005年和2015年的人均GDP与人类发展指数排序情况①。图1-1和图1-2表明，考虑教育和健康这两个重要的生活质量决定因素之后，许多国家偏离了45度线，即经济发展并不一定和人类发展相协调。许多国家的福利发展超过了经济发展（45度线上），也有许多国家的福利发展落后于经济发展，其中就包括中国、印度和巴西等这些正在迅速崛起的南方国家。2005年，中国的人均GDP在样本中的159个国家中排名第104位，人

① 由于数据的缺失，其他国家和地区的数据无法获得。

类发展指数的排名为第 99 位。在过去的近 40 年里，保持经济持续增长一直被放在各项政策目标的首位，其他民生方面虽然也有了快速发展，但经济发展和民生发展总体上仍然不协调。2015 年，中国人均 GDP 在样本中的 159 个国家中排名上升至第 74 位，相对 2005 年上升了

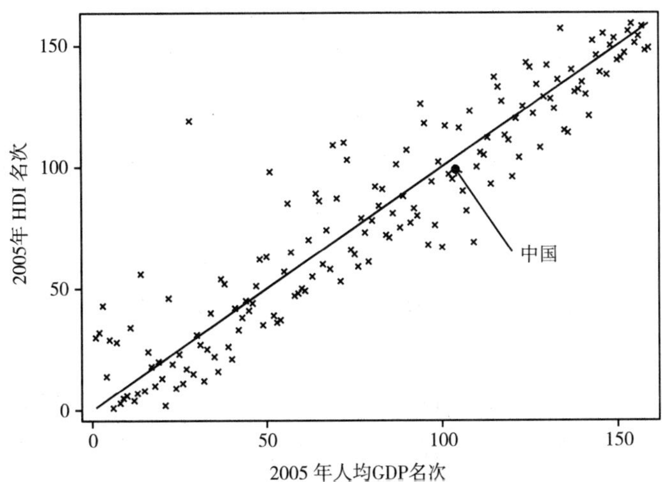

图 1－1 2005 年各国经发展与福利发展状况

资料来源：联合国开发计划署人类发展报告，作者自行整理。

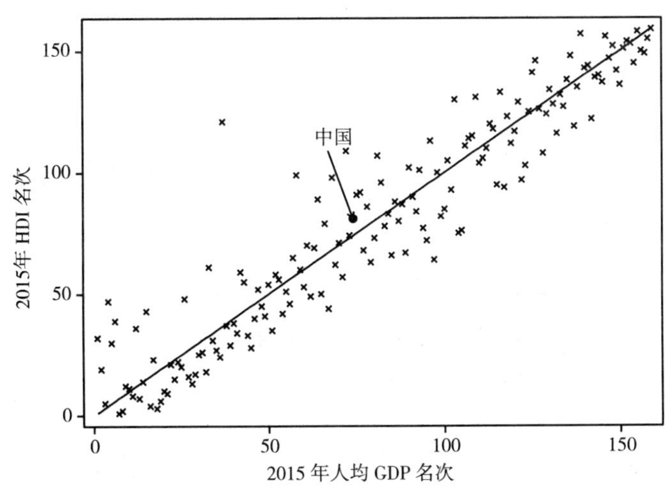

图 1－2 2015 年各国经济发展与福利发展状况

资料来源：联合国开发计划署人类发展报告，作者自行整理。

30 个名次，而人类发展指数在 159 个国家中排名第 81 位，相对 2005 年仅上升了 18 个名次。这些现象都表明，在多维福利环境下，中国存在比较严重的低福利增长现象。

中国经济增长与福利增长不协调的现象并不是近来才有的问题，但由于一直以来人们忽视了福利的多维性，发展的不协调问题直到近些年才引起学者和政策制定者的重视。杨爱婷和宋德勇（2012）曾在能力分析框架下，利用中国 1978 ~2010 年的宏观数据估算了中国多维福利增长与经济增长之间的脱节程度。图 1 -3 是他们利用收入、消费、健康、教育、社保和环境的宏观数据信息绘制的脱钩指数，该指数大于 1 表示经济增长速度大于福利增长速度，该指数小于 1 且大于 0 时表明福利水平在增长但增长速度小于经济增长速度，该指数小于 0 时表明（经济增长前提下）福利水平负增长。从图 1 -3 中可以看出，在中国过去的 30 多年里，经济增长与居民的福利增长相当不协调，高速的经济增长并没有带来居民福利的同步增长，在部分年份间，福利的增长甚至出现负的情况。当然，由于许多重要信息在加总的过程中丢失，既有的研究还没能够清晰地揭示出中国低福利增长的微观机制和深层次原因。

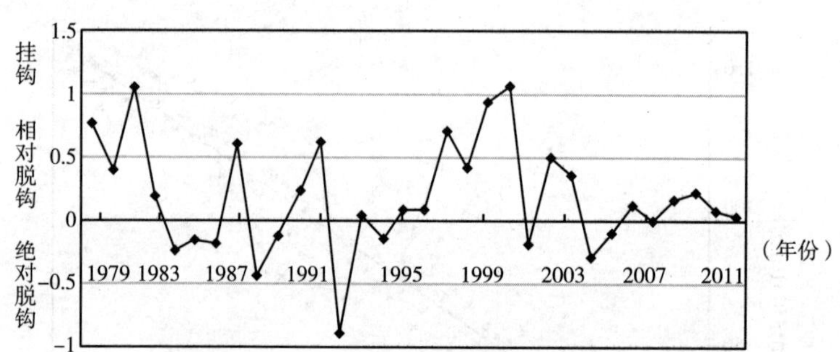

图 1 -3　经济增长与福利增长脱节情况

资料来源：转引杨爱婷和宋德勇（2012）。

1.1.2　不平等进一步阻碍了中国的福利增长

显然，在评估福利增长时，传统的国民收入或 GDP 等方法遗漏了非货币福利因素，人类发展指数通过引入教育和健康弥补了传统衡量方式的不足。但是各种福利因素（货币和非货币）的不平等情况也是评估福利水平的重要因素（艾克莱和福斯特，2010）。联合国开发计划署从 2010 年开始考虑不平等因素对福利发展的影响并对人类发展指数进行了调整。2013 年的人类发展报告中进一步明确指出：不平等抑制了人类发展，甚至在有些情况下会完全阻断人类发展（UNDP，2013）。在多维福利的背景下，不平等问题自然演变为多维不平等。多维不平等不单单是各维度不平等的简单加总，它还考虑各个不平等之间的相互作用和影响，这种相互作用在多维不平等问题中尤为重要（斯蒂格利茨等，2010；迈耶和斯塔莱维奇，2012）。

改革开放以来，随着各种不平等问题逐渐凸显，有关我国不平等问题的研究文献可谓汗牛充栋，这些研究文献主要是围绕三个方面的不平等问题：收入和消费不平等；健康和医疗服务利用不平等；教育不平等。

收入不平等问题无疑是中国在过去三十多年里最受关注的不平等问题。虽然学者们对中国目前的收入不平等程度究竟有多大尚存在一些争论（李实和罗楚亮，2011），但对收入差距呈现出加剧的趋势已经达成了统一共识（奈特等，2013）。程永宏（2007）和王亚峰（2012）都曾利用宏观分组数据对中国的收入不平等趋势进行了估算。从图 1－4 可以看出，改革开放以后，中国的收入不平等和经济发展水平呈现出近乎同步的增加。如果考虑不平等对福利发展的影响，单单从收入不平等这一个方面，中国经济增长在改善人生活方面的成效就已经大打折扣了。

然而，中国的不平等问题远不止收入不平等这一方面，收入不平等绝对不是评估和分析中国社会不平等问题的唯一指标。健康和医疗服务不平等（王甫勤，2012；林相森和艾春荣，2009）和教育不平等（吴，2010；高明华，2013）是另外两个备受关注的不平等问题。这些研究都表明，中国在非货币的福利因素方面也存在着明显的不平等现象。

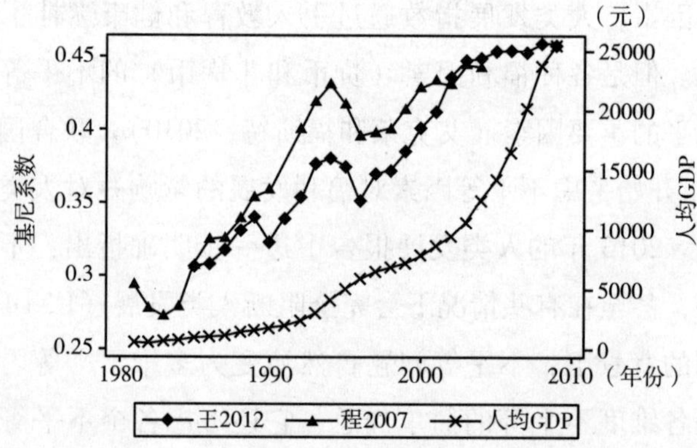

图 1-4　收入不平等趋势和 GDP 变化趋势

资料来源：GDP 来自国家统计局网站；基尼系数来自程永宏（2007）和王亚峰（2012）。

货币和非货币因素的不平等会进一步损害社会的福利水平，抑制中国的福利增长。考虑收入、教育和健康方面的不平等，中国的人类发展指数会进一步下降，且下降的程度稍大。图 1-5 是考虑不平等的影响之后部分国家和地区的人类发展指数损失情况。由于各国在收入、

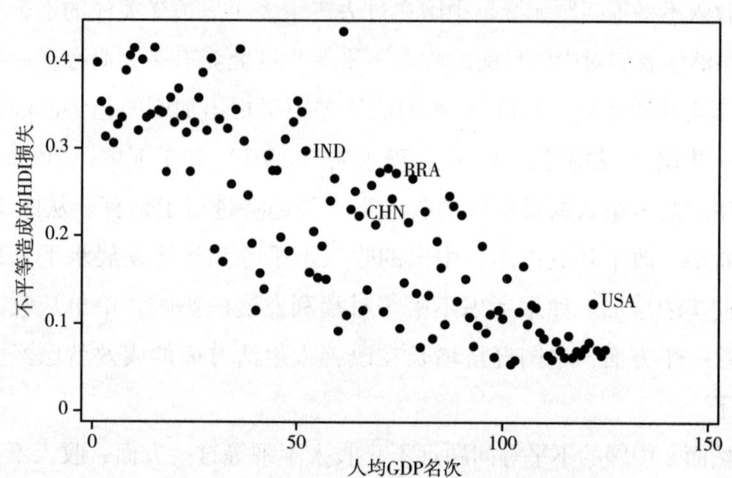

图 1-5　不平等造成的 2012 年的各国 HDI 损失

注：此图使用的为 2012 年数据，2012 年以后发布的数据中没有包含中国的不平等调整后的 HDI 值。

资料来源：联合国开发计划署人类发展报告，作者自行整理。

健康和教育方面或多或少都存在一定程度的不平等，所以考虑了不平等因素之后，人类发展指数都存在一定的损失，但各国的损失程度不同。不平等造成中国、印度和巴西的人类发展指数损失都在20%～30%之间，而对美国的人类发展指数造成的损失仅在10%左右。表1－1是2011年和2012年的各种不平等对中国人类发展指数及其各个分项造成的损失。从表中可以看出，首先是收入不平等对构建人类发展指数的收入分项造成的损失比较严重，其次是教育的不平等，最后是健康不平等。三种不平等使得2011年和2012年的人类发展指数都损失了约22.4%，这一水平与其他国家相比处于中等水平，考虑这些损失之后，2011年的中国人类发展指数在世界排名中相对不考虑损失时的排名倒退一位，2012年的排名在两种情况下不变。

表1－1　不平等对中国的人类发展指数和各个分项造成的损失

年份	HDI	IHDI	HDI损失（%）	健康	健康损失（%）	教育	教育损失（%）	收入	收入损失（%）
2012	0.699	0.543	22.4	0.731	13.5	0.481	23.2	0.455	29.5
2011	0.687	0.534	22.3	0.730	13.5	0.478	23.2	0.436	29.5

资料来源：联合国开发计划署2013年人类发展报告（UNDP，2013）。

中国当前的不平等问题不仅体现在收入、教育和健康等多方面的不平等问题广泛存在，也体现在各种不平等问题之间还存在相互作用和相互影响，这种相互影响有可能进一步加剧社会不公平。各种不平等相互影响的一个典型的现象就是与收入相关的健康不平等问题。这一问题在近几年引起了不少国内学者的关注，相关的研究结论表明中国普遍存在与收入相关的健康不平等（解垩，2009；齐良书和李子奈，2011；黄潇，2012）。与收入相关的健康不平等表明收入与健康之间的相关性会进一步恶化中国的不平等问题，使得居民的福利分布变得更为不均等。在教育不平等方面也会出现类似的情况，即教育不平等和收入不平等之间存在一定的相互作用（杨俊等，2008；刘精明，

2008)，这种相互作用也进一步恶化了中国的不平等问题。由此也可以看出，杨爱婷和宋德勇（2012）对中国低福利增长的估算还存在很大的偏差。因为在宏观数据情况下，无论使用多少非货币维度，能够反映的问题也仅仅是非货币维度发展的滞后，加总数据无法进一步考虑各个维度的不平等因素对福利增长的影响。虽然经过不平等调整的人类发展指数可以在一定程度上考虑不平等因素的影响，但由于数据的可获得性以及需要保证各个国家之间的数据可比性，人类发展指数在调整不平等时采用的估算方法相当粗糙（艾克莱和福斯特，2010)。

总结国内外的研究不难发现以下两点结论：一是福利多维性意味着对中国当前的不平等问题进行评估要从多维的视角出发，尤其是要考虑收入、健康和教育方面的不平等；二是探讨多维不平等问题时不仅要考虑各个方面的不平等情况，更要考虑各个不平等之间的相互作用对整个社会福利分配的影响（斯蒂格利茨等，2010)，因此不能简单地列举各个方面的不平等情况，适合的方式应该是在多维的空间上构建一个单一的总量指标（德坎库和鲁戈，2012；马苏米和亚龙斯基，2013)。虽然国内学者万广华早在 2008 年就已经洞察到中国不平等研究需要在福利多维性背景下进行（万广华，2008)，但是关于中国的多维福利不平等问题的探讨至今仍相当少见。钟（2009）曾利用中国微观数据研究收入和健康两个维度的不平等问题，为中国的多维福利不平等提供了初步的经验证据。首先，这一研究在维度上只考虑了两个维度，但福利多维性要求我们在数据可得的情况下尽可能考虑更多的维度。其次，该研究中使用的分析方法在两个维度以上的情形不再适用[①]。最后，即便是考虑二维情况的问题下，钟（2009）的结论也稍显武断。原因包括两个方面：一方面，多维不平等测度指标大多是从多

① 钟（2009）利用的是津井（1995）提出的多维不平等测度指标，但钟（2009）没有直接计算该指标，而是利用纳加和基奥法德（2006）提供的该指标的分解方法间接地计算多维不平等。遗憾的是，纳加和基奥法德（2006）的方法在二维情况下是正确的，在二维以上的情况就错误了，正确的结果由布兰比拉和佩鲁索（2010）给出。

维社会福利函数中推演出来的，不同类型的社会福利函数自然对应不同的测度指标，不同的社会福利函数又会对社会分配的状态给出不同的评价，因此要使得结果具有普适性，就要考虑不同类型的社会福利函数，即不同的多维不平等测度指标；另一方面，即使是在同一个测度指标中也有很多待定参数，而这些参数的设定是多维不平等经验分析中的一大难题（德坎库和鲁戈，2013），不同参数设置下的结果可能大相径庭（德坎库和乌格，2010），因此要使得结果具有稳健性，需要考虑更多的参数设置。

1.1.3 公平与效率兼顾：机会平等较重要

强调机会平等也是森（1980，1985，1992，2009）在能力分析法中提出的重要思想。世界银行首席经济学家弗朗索瓦·布吉尼翁在2011年的中国发展高层论坛上指出：应该从机会不平等的角度探讨中国的不平等问题。诺贝尔经济学奖获得者詹姆斯·海克曼在2012年的第三届“反贫困与儿童发展”国际研讨会上也建议中国应该通过预分配的方式改善生活在弱势家庭中儿童的成长环境，从源头上减少社会不平等。世界银行在一份基于中国广东的研究报告中指出，不平等问题是中国面临的最突出的问题之一，解决这一问题的关键在于消除绝对贫困，推动教育、医疗和技能培训的发展以减少机会公平，提高收入的机会公平以遏制收入不平等（世界银行，2011）。

机会不平等是相对结果不平等而言的，这里的“结果”可以是收入、健康和教育等人们关心的福利因素，所以机会不平等包括收入的机会不平等、健康的机会不平等以及教育的机会不平等等收入的机会不平等是最受关注的问题，其中的原因之一就是收入的机会平等可以在公平与效率之间寻求一个合适的平衡点。这对中国现阶段的发展而言尤为重要。

高杰等（2012）、蔡昉（2011）和郑秉文（2011）都认为中国目前存在跌入“中等收入陷阱”的风险。郑秉文（2011）将中国的经济发展划分为表 1－2 中的 4 个阶段，并分析了各个阶段的增长驱动因素，他认为，中国目前已经成功跨越了“中等收入陷阱”的前一个阶段（第二阶段），现在正处于“中等收入陷阱”的后一个阶段（第三阶段），在这一阶段上，中国的经济增长主要是靠效率来驱动，因此实现驱动因素从要素向效率的转变将成为中国成功跨越“中等收入陷阱”的关键。郑秉文（2011）还指出中国在现阶段落入“中等收入陷阱”的主要诱因之一就是“不平等陷阱”。蔡洪滨（2011）进一步指出，收入不平等、健康不平等以及教育不平等都不是最可怕的，而真正可怕的是社会流动性固化。然而，社会流动性与不平等之间存在着非常密切的联系，机会不平等正是这一联系中间的关键环节（克拉克，2013）。因此，对机会不平等的研究有利于我们理解中国当前所面临的“中等收入陷阱”问题。

表 1－2　　　　中国经济发展的 4 个发展阶段

发展阶段	第一阶段	第二阶段	第三阶段	第四阶段
人均 GDP	低收入组（低于 1000 美元）	中等收入陷阱		高收入组（高于 12500 美元）
		下中等收入组（1000～4000 美元）	上中等收入组（4000～12500 美元）	
增长驱动力	市场驱动	要素驱动	效率驱动	创新驱动
时点	1978～2000 年	2001～2009 年	2010～2025 年	2025 年以后

资料来源：转引自郑秉文（2011）。

机会不平等对跨越“中等收入陷阱”的重要性体现在它与经济增长有着密切关系。蔡昉（2011）认为，中国跨越“中等收入陷阱”的关键条件之一是扩大人力资本的积累。而早期的理论分析表明，较高的机会不平等程度会导致较低的人力资本投资（麦加和圣－皮埃尔，2008）。综合上述逻辑，我们不难得出：促进机会公平有利于推动经济增长，进而避免中国陷入“中等收入陷阱”的深渊。有意思的是，近期研究表明机会不平等的确抑制了经济增长。马瑞诺和罗德里格斯

（2013）将收入不平等分解为收入的机会不平等和个体努力奋斗导致的收入差距两部分，然后利用美国州层面的数据分析发现这两个部分不平等对经济增长有相反的作用。马瑞诺和罗德里格斯（2013）认为他们的结论支持了促进机会公平可以提高效率这一假说。

机会不平等的另一个重要意义在于它可以用于解释不同国家在社会福利政策方面的差异。阿莱西纳和安杰莱托斯（2005）指出，当一个社会认为收入不平等主要由机会不平等导致的，那么这个社会更倾向于进行更多的再分配，反之，会倾向于更少的再分配。这两种情况正好可用于解释美国和欧洲国家在社会福利政策方面的差异。

近年来，机会不平等的重要性引起了不少国内学者对中国机会平等问题的关注。收入机会不平等和教育机会不平等问题是两个比较受关注的焦点话题。吴愈晓（2013）认为中国居民的教育机会不平等主要体现在高中以上教育的机会不平等，且有加剧的趋势。张和埃里克森（2010）和徐晓红和荣兆梓（2012）都利用基于收入方程回归分解的方法分析了中国的收入机会不平等问题。这些研究丰富了中国不平等问题的研究，提供了收入机会不平等方面的经验证据，但仍然存在许多有待完善的地方。首先，基于收入方程回归分解的方法是参数方法，此方法强制给定收入决定形式并默认回归方程的残差项不包含机会不平等因素，这些假定都遭到许多质疑（拉莫斯和范德盖尔，2012）。其次，这些研究在机会不平等决定因素的选取上存在很大问题。张和埃里克森（2010）将受访者当前所在地区作为机会因素，但受访者当前所在地可能是人口流动后的结果而非机会，徐晓红和荣兆梓（2012）更是错误地将受访者所在行业和单位所有制作为机会因素，但受访者进入什么样的行业显然与他自己的选择和努力有关。这些方法都不符合罗默（1993，1998）对机会平等的定义。再次，基于收入方程分解的方法可以用于探讨各个机会因素对机会不平等的偏效应，这是通过构造回归元的均等分布并进行样本外拟合实现的，但张和埃里克森（2010）在估算这些偏效应时错误地使用了直接剔除回归元的方法。最后，既有的研究仅停留在收入机会不平等的测度上，对中国居民收入机会不平等的内在结构（包括区域间、性别间和年代间的差异），产生机制以及变化趋势都没有探讨。此外，既有的国内外研究在机会不平等测度方面的工作都还存在完善的空间（拉莫斯和范德盖尔，2012）。也有一些学者从收入流动性方面间接探讨了中国的收入机会不平等问题（王洪亮等，2012），但正如前面所说，收入的机会不平等是收入不平等和收入流动性之间联系的环节（克拉克，2013），流动性并不是机会不平等的直接度量。综上所述，关于中国居民的收入机会不平等问题，既有的研究既没有提供可靠的测量也没有给出清晰的认识。

1.1.4 本书想回答的问题

多维福利分布和机会分布都是阿玛蒂亚·森的能力分析法的重要特征，这一分析方法在中国的福利问题和贫困问题中已经受到关注（方福前和吕文慧，2009；胡怀国，2010；杨爱婷和宋德勇，2012；王小林和阿尔基尔，2009），但在我国不平等问题中的运用还较少且相关研究还存在许多不足之处。总结前面的分析，本书将致力于从多维福利不平等和机会不平等这两个方面探讨中国的不平等问题以及与之相关的话题：

第一，为什么中国的经济发展和人类发展不协调？导致中国低福利增长的微观机制是什么？这种微观机制对探讨中国的不平等问题有什么启示？

第二，如何测度多维福利不平等？中国的多维福利不平等变化趋势如何？如何克服多维福利不平等测度过程中面临的参数选择和社会福利函数选择问题？在保证结论的普适性和稳健性的前提下，对中国的多维福利不平等能得出什么样的结论？多维福利不平等对中国福利增长造成了什么样的损失？

第三，如何测度收入的机会不平等？如何针对既有理论研究的不足改进既有的测度指标？中国居民的收入机会不平等呈现出什么样的变化趋势？收入机会不平等在不同年代、不同性别和不同地区间有什么差别？如何分析各种机会因素在总机会不平等中的偏效应？

第四，机会不平等作为收入不平等和收入流动之间联系的环节，它对中国居民的流动性预期有什么影响？机会不平等和流动性预期对中国居民的再分配偏好有什么影响？这些结果对中国制定合理的再分配政策有什么意义？

1.2　本书结构安排与内容概览

1.2.1　结构安排

本书将在第 2 章围绕阿玛蒂亚·森的“诉求何种公平”这一经典问题进行梳理文献，这是本书的方法论部分，也是本书的理论基础。通过第 2 章的文献分析可以发现，阿玛蒂亚·森的能力分析法是现代社会公平理论中最有影响力的分析法。本书将以能力分析法所重点强调的多维福利和机会平等这两个视角展开后面的分析。第 3 章在多维福利的背景下利用微观数据揭示中国低福利增长的微观机制，同时也为多维福利不平等的重要性提供了经验依据。第 4 章对中国的多维福利不平等进行测度。第 5 和第 6 章转入机会不平等的探讨，第 5 章测度中国居民的客观机会不平等，第 6 章分析居民主观机会不平等、流动性预期和居民的再分配偏好之间的关系。第 7 章对中国当前的不平等问题进行总结。

1.2.2　内容概览

第 1 章，介绍本书的研究背景、研究主题、研究方法和使用的数据。

第2章，整理国内外研究文献，首先以学者们对“诉求何种公平”这一问题争论为主线，从传统的功利主义公平观，罗尔斯对功利主义的批判，阿玛蒂亚·森的能力分析法等平等公平观念对各种公平主义者的思想进行梳理，然后分别从能力分析法强调两个方面，即多维福利和机会，对当前福利经济较为关注的多维福利不平等和机会不平等问题进行文献梳理。第2章将较大的篇幅用于梳理“诉求何种公平”相关的文献。这是讨论不平等时的方法论问题。因为在探讨不平等问题之前，首先要解决的是人们诉求什么平等或是什么样的平等才是我们想要达到和实现的。这种平等的诉求将直接影响到社会制度的安排。在“诉求何种公平”这一问题上，阿玛蒂亚·森提出的能力分析法是现代福利经济学中最具影响力的观点，也是福利分析、不平等分析和贫困分析中应用最广泛的观点。能力分析法的基本目的是探寻福利经济学的基础尤其是评估个人福祉和利益的基础。显然，居民的生活质量是评估社会的核心内容，但问题的根本还在于如何评估居民的生活质量。阿玛蒂亚·森将生活质量的评估分成两个部分：一是生活质量所依赖的具体内容，即功能；二是人们实现这些功能的自由程度，即能力。能力分析法的直观含义和福利多维性思想类似。虽然福利多维性思想在能力法之前就已经形成，但福利经济学对福利多维性的接受和重视是从阿玛蒂亚·森的能力法开始的。能力分析法的另一个重要特征是强调个人责任。例如，一个人在B可得的情况下选择A和在B不可得的情况下选择A，虽然两种情况的结果相同，但能力分析法将它们区别对待。显然，前者有选择B的自由而后者没有，因此前者实现结果A时包含了个人责任（因为他有选择B的自由但没有选）而后者实现结果A时没有包含个人责任因素（因为他不得不选A）。对选择自由和个人责任的重视成为机会不平等的基本思想。在梳理了“诉求何种公平”之后，第2章接下来的内容将对多维福利不平等和机会不平等的理论研究中比较重要文献进行简单梳理，相关经验研究文献回顾将穿插在本书的实证研究部分。

第 3 章和第 4 章探讨多维福利分布和多维福利不平等问题。第 3 章在福利多维性的背景下探讨中国的经济发展与福利发展相脱节的微观机制，从而更清晰地揭示其内在原因同时也为多维福利的重要性提供直观的经验证据。虽然中国经济发展与人类发展不协调的问题在 2013 年的人类发展报告中已经有所提及（UNDP，2013），国内学者也利用中国的宏观数据对中国的低福利增长进行了估算，但这些研究都没能揭示其微观机制。为了使得结果直观且分析简化，第 3 章考虑了收入和健康这两个维度的问题。正如前面所说，福利多维性思想并非是能力方法中特有的思想。在传统的功利主义框架下引入货币需求的异质性就是和福利多维性相一致的一种思想。从需求异质性的角度可以更直观地理解第 3 章的分析。第 3 章的基本思路是在收入和健康两个维度的情况下，要使得经济增长能够带动社会福利的增长，那么经济增长要使那些健康状况较差的人群的收入有较大幅度的增加。这一结论的直观含义是健康状况差的个体对货币的需求也越大，因此相同单位的货币增加对健康状况差的个体而言能够带来更大的福利增加。相反，个体而言能够带来更大的福利增加。如果大部分经济增长的成果都被原本就比较健康的个体所享有，那么这种增长方式并不是最合意的增长方式，同等程度的经济增长对社会福利增长的作用还有更大的潜力。本书利用微观数据对上述思路进行了经验检验，分析各年间不同健康人群在经济发展过程中的受益情况。不同健康人群的收入变化差异清晰地展现了我国经济增长对他们的影响模式，揭示出中国低福利增长的微观机制。

第 4 章在多维福利的背景下探讨中国的多维福利不平等问题。首先，本书依据国内外的大量研究选择从居民的收入、健康和教育这三个维度进行多维福利不平等问题的研究。在进行多维福利不平等的测度和分析之前，笔者首先利用微观数据分析了中国的收入不平等、教育不平等和健康不平等的变化趋势以及收入、健康和教育两两之间的相关性。通过这些内容的分析，我们可以更清楚地看出以往的研究文献都无法正确刻画中国的福利分布特征，也无法正确反映中国福利不平等问题。第 4 章的经验分析部分主要讨论了五个问题：一是中国的多维福利不平等程度及其变化趋势；二是中国的多维福利不平等对居民福利造成的损失程度；三是各个福利维度以及他们之间的相关性在多维福利不平等中的起到的作用；四是城乡间的多维福利不平等差异；五是各个经验结果的普适性和稳健性。既有文献中提供的多维福利不平等测度指标大多是通过规范分析方法从社会福利函数中得到的。选用不同的指标意味着选择了不同的社会福利评估方式，这会影响多维福利不平等评估结果的稳健性。各个多维福利不平等测度指标中又包含待定参数，参数的选取方式也会影响评估结果的普适性。所以，第 4 章重点探讨了各个经验结果的可靠性问题。

第 5 章和第 6 章转向机会不平等问题的探讨。第 5 章对中国的客观机会不平等进行测度，第 6 章分析居民的主观机会不平等与流动性预期和再分配偏好之间的关系。由于第 4 章的分析结果表明收入不平等是影响中国居民福利不平等的最主要因素，且收入不平等问题本身也是中国社会当前最受关注的问题，所以第 5 章探讨的是中国居民获取个人收入时的机会不平等问题。笔者首先根据既有研究在机会不平等测度方法方面存在的不足之处对机会不平等测度指标进行了扩展，提出一个新的测度指标，这一指标不仅可以将之前研究中提出的一个指标包含在内，而且在适用范围上更为广泛。第 5 章重点研究了五个问题：一是中国居民在获取个人收入时的机会不平等程度及趋势；二是不同时代出生的人群在个人收入机会不平等方面的差异（兼论“二代”现象）；三是机会不平等在不同性别间的差异（兼论性别歧视问题）；四是机会不平等在地区间的差异（兼论机会公平与经济增长间关系）；五是各种机会因素在机会不平等中的偏效应。利用微观数据和三种机会不平等的测度指标，笔者对上面问题进行了详细探讨，揭示出许多有意义的社会问题。

第 6 章分析机会不平等对居民流动性预期和再分配偏好的影响。社会不平等往往会引发居民的不满情绪以及一些其他社会问题，但研究表明，居民对不平等的感知往往更多地取决于他们面临的机会是否公平（盖特纳和施维特曼，2007；卡佩伦等，2010）。第5章的经验分析虽然对中国当前的机会不平等问题进行了深入的剖析，但这一结果只适用于区域或国家层面。要探讨机会不平等对微观个体行为的影响，最合适的方法就是用主观的机会不平等感知。当然，探讨居民的主观机会不平等本身也有重要意义。

第7章结合本书的经验分析结果对中国当前的不平等问题进行总结并提出相应的政策建议。

1.3　研究方法和数据

1.3.1　研究方法

本书的主要内容更加侧重于实证分析和研究，但所有内容都建立在坚实的理论基础之上。首先，本书统一在阿玛蒂亚·森的能力分析法框架之中。其次，第3章和第4章的实证基础来自对社会福利函数的规范分析，所用的测度指标与多维福利分布以及多维社会福利函数之间存在对应的关系。第5章的实证测度虽然没有从规范的社会福利出发，但测度指标构建的思想源于能力分析法。

一是文献分析。任何一份好的研究都需要建立在以往的研究基础之上，需要对前期的研究有清晰的认识。本书涉及经济学、哲学和政治学等学科，尤其是早期政治哲学中有关平等问题的争论积累了大量文献，通过对这些文献的梳理和归纳，可以保证本书的合理性、严谨性和前沿性。

二是理论分析。严谨的理论分析不仅可以为经验分析提供指导，更重要的是可以从纷繁复杂的现实世界中厘清问题的关键和主线，这对于我们更清楚理解现实世界无疑是非常重要的。与传统的不平等问题研究相比，本书探讨的不平等问题更为复杂，必要的理论分析可以使得本书更加严谨和完善。

三是实证分析。本书研究的最终目的是试图解释和理解中国当前的一些不平等问题和不平等现象。所有的理论分析最终仍然是为了实证研究服务的。然而，本书的大部分实证方法不同于一般的计量经济学实证方法，各种检验过程和测度指标都需要自行编程才能完成。

1.3.2 数据来源

本书涉及的所有实证分析都利用微观数据完成，所涉及的数据包含了大多数使用较为广泛的中国微观调查数据，这些数据在时间维度上跨度长，在空间维度上分布广，因此本书的实证研究具有比较强的代表性。

一是中国营养与健康调查数据（China Health and Nutrition Survey）。中国营养与健康调查数据是北卡罗来纳大学和中国疾控中心合作建立的数据，是研究中国问题使用较为广泛的数据集，它适合许多学科进行不同问题的研究。在收入不平等和健康不平等的研究中也经常使用这套数据。这套数据的优点在于它是一套面板数据，数据包含的信息量大，且是一套开放的数据。这套数据的缺点是仅覆盖了中国的九个省份。

二是中国社会综合调查数据（China General Social Survey）。中国社会综合调查数据是由中国人民大学中国调查与数据中心主持的一套数据，是分析中国各种社会问题使用较多的数据。这套数据是截面数据，数据覆盖范围较广、样本量大，每年的调查包含了我国近30个省中的约6000~10000户家庭接受调查。此数据也是公开数据。

三是中国家庭收入项目调查（Chinese Household Income Project Survey）。中国家庭收入项目调查由国家统计局农调总队和中国社会科学院经济研究所共同开展此项专门调查。该项调查是研究中国收入分配应用比较广泛的数据。中国家庭收入项目调查是截面调查，调查范围覆盖了我国的20多个省份。此调查也是一套公开数据。

四是社会结构与社会现代化调查。社会结构与社会现代化调查民政部和中国人民大学社会调查中心于1996年组织的调查。这套数据和中国社会综合调查在问卷设计上是一致的。

1.4 主要结论与创新之处

1.4.1 本书创新之处

一是本书利用微观数据揭示了中国低福利增长的微观机制和内在原因，为国内外有关多维福利的研究提供了来自中国的经验证据。虽然杨爱婷和宋德勇（2012）在能力分析的框架下探讨了中国的低福利增长问题，但他们的研究利用的是宏观数据，无法进一步考虑各种不平等对福利增长的影响。联合国开发计划署（UNDP，2013）虽然进一步考虑了不平等因素的影响，但这一结果采用的是非常粗略的估计方法（艾克莱和福斯特，2010）。另外，杨爱婷和宋德勇（2012）和联合国开发计划署（UNDP，2013）都无法揭示中国低福利增长的微观机制，前者是因为宏观加总数据损失了微观信息，后者是因为微观数据只用来估算不平等信息却没有用来分析福利分布。要分析中国低福利增长的微观机制和内在原因，仅仅估算低福利增长的程度是不够的，我们需要对多维福利分布有清晰的刻画。本书借鉴了杜克洛和埃彻温（2011）分析跨国数据的方法并将这一方法运用到中国的跨期研究，该方法通过描绘多维福利分布的方式来评估福利增长状况而不是直接估算福利水平，从而揭示出低福利增长的内微观机制。

二是本书精确地估算了中国的收入、健康和教育三维度的福利不平等程度以及多维福利不平等造成的福利损失情况，进一步完善了中国的不平等问题研究，也丰富了国外关于多维福利不平等研究的文献。虽然有关中国的收入不平等、健康不平等和教育不平等研究已经积累了丰富的文献，但既有文献都没有将这些不平等统一到一个分析框架中。由于各种不平等有各自的变化趋势，且各因素之间往往相互关联，这种既非完全独立也非完全相关的特点使得以往割裂的不平等问题研究都无法正确反映居民的福利不平等状况（斯蒂格利茨等，2010）。本书通过在收入、健康和教育三维空间下构建单一的福利不平等指标，有效地弥补了传统割裂研究的不足。与此同时，本书的多维福利不平等测度与福利损失之间存在对应关系，这为本书探讨不平等造成的福利损失提供了理论基础。与联合国开发计划署（UNDP，2013）估算的人类发展指数损失相比，本书的结果精确性更高。

三是本书清晰地反映出收入不平等、健康不平等、教育不平等以及收入、健康和教育三者之间相关性对中国多维福利不平等的影响。国内现有的研究虽然对上述四个问题都进行了探讨，但仍然没有任何信息可以告诉我们这四个因素在中国福利分布不平等中的相对重要性。本书通过对多维福利不平等的分解，将总体福利不平等分解为上述四种因素之和，从而为分析它们各自的重要性提供了依据。

四是本书为中国福利不平等、福利损失和福利不平等分解提供了非常稳健的结论。仅仅对各个结果进行估算是不够的，我们还需要知道各个估算结果的稳健性，这在包含待定参数的多维福利研究中尤为重要。本书通过对不同的测度指标进行估算并测算10万余种参数设置下的测度结果，从而保证了本书结论的稳健性与可靠性。

五是本书提供了一个新的机会不平等测度指标并同时使用多个已有的测度指标保证了本书对收入机会不平等估算结果的稳健性。在现有的收入机会不平等文献中，使用较多的是切奇和佩拉希内（2010）和费雷拉和吉努克斯（2011）提供了测度方法，但这些测度（包括其他测度）方法都存在一定的缺陷。本书提供了一个新的测度在一定程度上弥补了现有测度的不足。另外，在我们对真实的收入决定过程并不清楚的情况下，使用多种测度提高结论的稳健性是一个比较合适的做法，但现有的研究往往使用一种测度进行研究。

六是本书从机会不平等的视角对中国的收入不平等问题进行新的审视，并对中国的收入机会不平等进行了全面剖析，尤其是对机会不平等的结构特征方面（年龄组间、性别间、地域间差异和偏效应）进行了深入的探讨。关于中国收入机会不平等的研究还不多见，张和埃里克森（2010）和徐晓红和荣兆梓（2012）虽然进行了初步探索，但正如上文分析所说，这些文献还停留在机会不平等的测度且测度方法本身存在不足甚至错误。本书不仅在测度方法上更为严谨，而且从年龄组间、性别间、地域间差异和偏效应这几个方面探讨了许多既有研究未能发现或解释的现象，为中国的收入不平等问题提供了更新、更深的认识。

七是本书从机会不平等的角度分析了中国居民的流动性预期和再分配偏好，提供了主观机会不平等与个体行为之间关系的经验证据，也丰富了有关中国居民再分配偏好方面的研究。类似于幸福感研究可以和客观福利的研究相互补充，居民的主观机会不平等研究可以和客观机会不平等研究相互补充。收入的机会不平等是收入不平等和收入流动之间的桥梁（克拉克，2013），因此居民主观机会不平等会影响居民流动性预期，进而影响居民的再分配偏好。关于中国居民的再分配偏好是近年才受关注的话题（陈宗胜和李清彬，2011；潘春阳和何立新，2011；2012）。但这些研究没有考虑主观机会不平等对流动性预期的影响，因此对居民再分配偏好的解释还不够清楚。

1.4.2 本书主要结论

一是低福利增长的原因在于，非货币方面弱势的群体没有更多地享受经济增长的成果。例如，健康状况差且收入水平低的居民的福利水平呈现出下降的趋势，而健康状况较好且收入水平高的居民的福利水平都有所改善。

二是总体而言，收入、健康和教育的三维不平等有加剧趋势，不平等造成的福利损失在10%～20%。

三是20世纪90年代初，教育和收入是福利不平等的主要因素，但随着收入差距扩大，其逐渐成为福利不平等的主导因素；健康对福利不平等的影响较小但呈上升趋势；收入、健康和教育之间的相关性强化了居民福利不平等。

四是不同的参数设置对判断我国多维不平等变化趋势影响较少，但对判断各个因素对多维不平等的贡献率影响稍大。

五是城市居民面临越来越严重的机会不平等，且机会不平等上升的速度大于收入不平等上升速度。

六是由于机会不平等存在累积效应，在同一时点上，高年龄组人群比低年龄组人群面临更严重的机会不平等；与男性相比，机会不平等在女性的收入不平等中表现得更为突出；与东部省份相比，经济发展水平落后的中西部地区面临的机会不平等更严重；家庭背景引起的机会不平等呈现出上升的趋势。

七是主观机会不平等既可直接影响居民的再分配偏好，也可以通过影响居民的流动性预期间接地影响居民的再分配偏好。

第 2 章

福利、机会与能力——基于不平等问题的文献分析

作为本书的分析基础，我们首先通过文献分析方法厘清一些基本问题。第一个问题是，为什么本书关注多维不平等和机会不平等。第二个问题是如何测度多维不平等和机会不平等。正如引言所说，多维福利和机会都是森在能力分析法中所强调的内容，但了解能力分析法之前的各种公平观念有助于更深刻地认识森的能力分析法。接下来的分析将表明，能力分析方法强调了传统福利经济学分析方法所忽略的大量人际间差异的信息。在这种重视人际差异的分析方法下，我们必然走向对福利多维性的讨论以及对机会平等的讨论。这些正是本书所要探讨的内容。由于国内的研究文献还相当少见，本章内容主要围绕国外文献展开。

2.1 诉求何种公平——Sen 的能力分析法

正如 260 多年前让·雅克·卢梭在《论人类不平等的起源和基础》一文的序言中所说："人类知识中最有用而又最不完备的就是关于人的知识。"在人类历史的演进过程中，"平等"和"公平"这两个概念不断变化。这些概念的演化过程伴随着哲学家们对这两个概念的争论，这些争

论围绕着一个核心问题，即森在 1980 年提出的“诉求何种公平”。森在阐述这一问题的过程中主要是对罗尔斯的平等观进行了批判，进而形成了他们的能力分析思想（森，1980；1992；1997；2009）。而罗尔斯的观点则是对传统的功利主义平等观（utilitarian equality）形成了极大挑战（罗尔斯，1971）。

2.1.1 功利主义的平等观

功利主义平等观可以从功利主义者对个体所处状态优劣的评价方式上推理出来。功利主义的目标是最大化社会成员的效用（无论效用如何度量，如幸福感、消费、收入和财富等）总和，并不考虑这个总和是如何在个体之间进行分配的。因此，从表面上看，用功利主义在评价不平等问题是极不合适的做法（森，1992）。但事实恰恰相反，功利主义不仅被广泛用于探讨不平等问题，而且在罗尔斯的批判之前（罗尔斯，1971），功利主义一度成为最重要的平等观。功利主义所蕴含的平等可以从它的三个特征以及它对个体效用的设定中看出来。功利主义表现出以下三个特征：（1）结果主义（consequentialism）：一项政策或一种行为的好与坏仅取决于这种政策或行为所带来的结果，与形成这一结果的过程无关；（2）福利主义（welfarism）：按照森（1997）的定义，福利主义是一种评价社会状态的规范方法（normative approaches），它在评价社会福利时仅仅考虑社会中所有个体的效用，与社会的其他特征无关；（3）总和排序（sum-ranking）：将所有个体的效用加总并依据总效用评判社会状态的合意性。个体效用具有边际递减的性质。此外，功利主义和福利主义通常都以对称（symmetric）的方式对待每个个体效用。在功利主义的对称性体现为所有人的效用函数相同、总和以及用于加总的权重相同。

从表面上看，功利主义和平等之间不存在关系，因为追求总和效用最大化的功利主义根本不在乎总和效用背后的分配状况。然而，一个非常特殊的巧合却使功利主义方法坐享了“内含平等意思”的不虞之誉（森，1997）。这个巧合正是源于功利主义者对个体效用的同等对待。一方面，追求总和效用最大化的功利主义必然要求分配状态使得每个个体的边际效用相同；另一方面，边际效用相同和个体的效用函数相同又意味着每个个体的最终效用相同。

功利主义的这种意外获得的平等主义（egalitarianism）遭受了不少批判。首先，功利主义的最大缺陷是它对人际差异的忽视。功利主义在追求效用总和最大化的时候，忽略了每个个体在效用之外的差异，并且认为所有个体效用函数相同。但对人与人之间差异的忽视往往会导致明显有违公平的分配方式（罗尔斯，1971；森，1980；1992；1997；2009）。例如，在森多次提到的一个经典例子中，张三和李四两人的效用都由收入决定（这是功利主义以及利用功利主义方法分析收入分配问题中的最常见方式），但李四是跛子（或者李四可能患有其他身体上的残疾）而张三的身体健康。从个人的效用来看，在某些收入水平上，单位收入的增加给张三带来的边际效用更多，因此功利主义必然会向张三分配更多的收入直到他的边际效用减少到和李四相同的水平。其次，由于对人际差异的忽视，功利主义（包括福利主义）所推崇的效用能否作为个人福祉（well-being）的合理度量也遭受质疑（罗尔斯，1971；森，1980；1985；1992）。功利主义和福利主义都仅仅只关注效用，且效用的度量常常用收入、幸福感、需求的满足程度等度量。虽然收入和财富、幸福感、需求的满足程度等都是人类福祉的重要方面，但这些都不能完全充分地反映个体的福祉，更不能作为福祉的合理度量。罗尔斯（1971）为了批判功利主义和福利主义的这种一元论方法，他提出了基本社会益品（primary social goods）[①] 这一概念。基本社会益品是指那些理性的个体想要获得的东西，包括权利、自由、收入和财富。这种个体福祉多元论方法实际上为森的能力平等

① 也译作基本善。

（森，1992；1997；2009）、德沃金的“资源平等”（treatment as equals）和“待遇平等”（equality of resources）（1981a；1981b）以及其他重要的平等主义提供了新的思路。最后，功利主义和福利主义自身的结果主义本质使得它忽视了实现这些结果的行为、政策和社会制度安排的合理性。仍然以收入分配为例。甲的收入比乙多，且两个人在健康及其他客观特征上相同。按照功利主义的方法，我们应该将甲的部分收入转移给乙，从而最大化效用总和。那么，这是否就意味着允许乙从甲处抢夺一部分收入为自己所有呢？显然，这是不合理的。

2.1.2 罗尔斯主义平等观

罗尔斯（1971）的两个平等原则对功利主义平等提出了巨大挑战，这两个平等原则引出了罗尔斯所推崇的基本社会益品平等。基本社会益品包括权利、自由、收入和财富等一些通用的个体福祉构成要素。在这些基本社会益品中，自由被赋予了最大的优先权，这形成了罗尔斯的第一平等原则。按照第一平等原则，如果一种社会制度安排限制了居民的基本自由，那么即便是这种制度安排下具有更多的收入和财富它也不是合理的制度安排。罗尔斯的第二平等原则是第一平等原则的补充，进一步考虑了其他基本社会益品的平等分配问题。罗尔斯认为，第二平等原则包含了对效率的考虑。如果一个分配状态是最有效的，那么必然不存在其他分配方式，这种分配方式既不损害处于最不利地位上的个体的利益，也可以增加其他人的利益。这种优先考虑最不幸个体的方法被称为“差别原则”（difference principle）。

罗尔斯的上述两条平等原则是在一个被称作“原初境况”（original position）的假想环境下得到的。“原初境况”构成了罗尔斯主义的基点，在这一假想的环境中，处于“无知之幕”（veil of ignorance）幕后的各个社会阶层共同参与社会公平和平等原则的制定。“无知之幕”的作用就是使得所有人都不知道他们在幕前（现实社会中）的特征。因此，人们在制定公平和平等原则时不会也无法考虑他们自己对事物好坏的定义、他们自己的能力和才智、他们的出生背景和家教环境、他们的社会阶层和社会关系等，他们唯一知道的共同知识就是人类的心理和基本经济原理。由于人们并不知道自己在幕前的状态，所以，可以想象他们会尽可能公平分配基本社会益品。因为每个人都会考虑自己在现实的社会中可能是贫穷的、能力较低的、没有才智的、家庭背景差等情况，同样他们有可能是富裕的、有能力的或是出生条件好的。因此处于“无知之幕”之后的人们会协商出一个最为公平和平等的社会制度安排。

对罗尔斯主义的批判有很多，例如，哈特（1973）曾对罗尔斯的自由优先于其他基本社会益品这一主张进行了批判。与本书内容最为相关的是森（1980）和德沃金（1981a；1981b）等对罗尔斯的基本社会益品的批判。他们认为，基本社会益品没有对个体的需求和能力方面的信息给予充分的考虑，因而忽略了人们将基本社会益品转化为个人福祉的能力差异。所以，即便是基本社会益品的分配是平等的，也可能导致人们的福祉存在差异。德沃金（1981a；1981b）从资源的角度提供了解决这一问题思路。德沃金设想存在一个保险市场，人们可以通过这个保险市场来分散自身能力缺陷的风险。由于位于“无知之幕”之后的个体可以在这个保险市场中为预期的风险购买保险。当风险真的发生时，购买保险的个体可以依据保险市场中规定的补偿原则得到补偿。如此，即便是某些个体存在能力上的不足，不能将基本社会益品充分转化为自身认为有价值的结果，他们仍然可以利用保险市场的补偿来改善自己的状况。德沃金将此定义为资源平等，并认为资源平等等同于人们的福祉平等。

2.1.3　能力法与机会平等

森的能力方法是福利经济学中最具影响力的分析方法之一，这一分析方法将许多传统福利经济分析方法未曾有过的思想引进来。能力分析方法最核心的部分就是对人们能够自由地做出什么样的行为给予了充分的重视。这一方法在经济学和很多领域都得到了广泛的应用。

在比较一个人所处的状态是否比另一个人更为有利时，我们不能仅仅用诸如收入和财富等资源来判断，还要充分考虑他们所享有的能力之间是否存在差异（森，2009）。那么，森所指的能力到底是什么？这需要区分能力法中的几个关键的概念，这是理解能力方法的核心。第一个重要概念是功能（functioning），即一个人处于何种状态以及能够做什么（beings 和 doings）（森，1992）。一系列功能的集合组成了个体的生活，进而影响着人们的生活质量和福祉。功能既可以是一些非常基本的简单的事情，如营养充足、身体健康、生命安全等，也可以是一些复杂的事情，如幸福、有自尊、可参与社会活动等。森（1992）重点强调：功能的集合（各种功能的全体）构成人们的生活内容，也成为评估个体福祉的构成要素，但功能不是评估个体福祉的全部要素。要全面评估一个人的福祉还需要进一步引入森在能力法中提出的第二个概念，即能力（capabilities）。能力是指人们可以自由实现的各种功能的组合。类似于预算集反映的是人们可以自由地从中选取想要的商品组合，能力反映了人们可以自由地选择过什么样的生活。值得一提的是，这种自由选择本身也是评估福祉的重要部分。如果这种自由选择只具有工具价值而不具有本质价值（构成个人福祉的价值），那么对个体福祉的评估将滑向对个体功能集合的评估。

在前面所提到的所有平等观点中，只有功利主义是结果主义的，即仅将焦点放在人们最终要想追求的东西上，其他的平等观都蕴含着一些机会公平的成分（罗默，1993）。对于罗尔斯和德沃金的观点而言，基本社会益品和资源都是实现最终结果和生活质量的手段；森的能力集是人们实现想要的生活的前提。但这些平等的观点中都没有明确地区分或没有清晰地界定个人责任。罗默（1993；1998）在总结和发展机会不平等的工作中做出了很大贡献，提供了较为清晰且实用的机会平等概念。当然，约翰·罗默的工作是建立在德沃金（1981a；1981b）、阿尼森（1989；1990）和科恩（1989）等学者的工作基础之上的。简单来说，机会平等就是强调个人责任（personal responsibility）在评估平等和分配中的重要性。德沃金（1981a；1981b）认为个人偏好是他们自己的责任，而资源平等之所以重要是因为资源不是个人责任。阿尼森（1989；1990）则认为德沃金区分资源和偏好的方法并不能合理地界定个人责任，正确的方法应该是区分机会和结果，即人们不应该为其所拥有的机会承担责任，但应该为自己如何利用这些机会实现想要的结果承担责任。结果具体指的是什么呢？收入、财富还是个人福祉？阿尼森（1989；1990）指出，最为合适的应该是使人们享有平等的机会去获得个人福祉（opportunity for welfare）。科恩（1989）认为，使人们享有平等的机会去实现个人福祉是比使人们享有平等的福祉更为合理的平等主义观点，但他同时也指出，使人们享有平等的机会去实现个人福祉仍然不能作为对平等主义的正确解读，因为正确的平等主义应该消除那些人们在将机会转化为福祉的过程中无意识犯下的错误，即无意识的损失（involuntary disadvantage），这种无意识的损失虽然是人们自己的决策行为造成的，但人们不应该为这些无意识的损失负责。罗默（1993，1998）总结了上述观点提出了迄今为止最有影响力的机会平等解读，他认为，无论人们面临的环境（circumstances）有多大差异，只要他们具有可比的个人责任，那么他们就应该有相同的结果。这里的环境是指那些影响结果却又不是个体所能控制的所有因素的集合，例如，社会经济背景、家庭背景等因素。这里所说的结果可以是个人福祉、收入、教育等。

虽然能力方法没有明确地指出个人责任在平等评估中的重要性，但能力法和机会平等之间存在许多相似的地方。在能力方法中，最为关键的就是区分功能和能力这两个概念，功能构成了人们的生活内容，而能力反映的是实现这些功能的实体自由（substantive freedoms）（例如，可以活的较大的年龄、可以处理经济事物和参与社会活动等具体的能力），即实现各种功能的机会。能力就是在给定个体的自身环境和社会环境之后个体所拥有的实际机会，也是个体实现各种功能的机会（capabilities are opportunities to function）（瓦伦坦，2005）。所以，区分功能和能力就类似于区分结果（生活内容）和机会（查韦斯，2013）。当然，不同的学者对能力方法的解读并不相同，对机会平等的理解也不尽相同，并不是所有的能力分析观点都和机会平等观点相一致，但较为合理的能力分析方法和机会平等观点是保持一致的（瓦伦坦，2005）。

本书之所以将能力分析方法作为全书的基本框架，除了上面所说的能力分析方法和机会平等之间存在一致性之外，另一个原因是，在森（1985）最初建议的五个个体能力评估要素中已经清晰地包含了本书研究内容的两个方面，这五个要素是：（1）能力或实体自由在评估个体利益中的重要性；（2）每个人在将资源转化为有价值的行为（生活内容）方面的能力是不同的；（3）每个人获得幸福的行为是多维度的；（4）兼顾物质因素和非物质因素对个体福祉的影响；（5）关注社会中的机会分布。这五条基本要素之间并不是相互排斥的，第（1）、（2）和（5）都在强调机会平等的重要性，第（2）和（4）都在强调个人福祉的多维性。在笔者看来，所有这些要素之所以重要都是因为人与人之间的差异性（individual heterogeneity），正是由于这些异质性的存在才导致我们在评估公平时要考虑影响个人福祉的方方面面，而不是某些单一的方面，当我们考虑的方面较多较为复杂时，我们需要对各个方面进行分类并从中挑选出最合理最需要平等的影响因素。

2.2 能力分析法应用一：多维福利不平等测度

正如上一小节所说，强调福利多维性是能力分析法的一个重要特点。假设福利的决定因素包括 k 个维度，一个人口数为 n 的社会的福

利分布由 $n\times k$ 的分布矩阵 $\boldsymbol{X}$ 决定。

$$\boldsymbol{X}=\begin{pmatrix} x_{11} & \cdots & x_{1k} \\ \vdots & \ddots & \vdots \\ x_{n1} & \cdots & x_{nk} \end{pmatrix}$$

x_{ij}表示第 i 个人的第 j 个维度的大小。用$\boldsymbol{x}_i^r$ 表示 $\boldsymbol{X}$ 的第 i 行，$\boldsymbol{x}_j^c$ 表示 $\boldsymbol{X}$ 的第 j 列。$\bar{\boldsymbol{X}}$ 表示 $\boldsymbol{X}$ 对应的均匀分布，即：

$$\bar{\boldsymbol{X}}=\begin{pmatrix} \mu(x_1^c) & \cdots & \mu(x_k^c) \\ \vdots & \ddots & \vdots \\ \mu(x_1^c) & \cdots & \mu(x_k^c) \end{pmatrix}$$

其中，$\mu(x_j^c)=\sum_{i=1}^{n} x_{ij}/n,\ j=1,\cdots,k$。

多维不平等测度指标可以分为两类。第一类是实证测度指标，它没有明显地使用社会福利函数的概念。第二类是规范测度指标，它基于一系列公理或不平等和社会福利损失之间的数学关系构建不平等测度。无论是实证测度还是规范测度在经验分析中都面临着测度指标中的待定参数的选取问题，最重要的就是各个维度的权重选取。另一种规范分析方法是随机占优分析方法，这种方法借助社会福利函数与分布函数之间的关系对社会状态的合意性进行比较。

2.2.1　多维不平等的实证测度

实证测度是探讨不平等问题时较为常见的测度，例如，收入不平等研究中常见的实证测度有极差、相对平均离差、方差、变异系数、对数标准差和基尼系数等。这种测度的构建并没有借助福利经济学的理论而是直接对那些看到的差异进行度量。在多维不平等中的估计和测度中同样有一些实证测度指标。当然，与收入不平等以及其他单维度不平等分析不同，多维不平等分析中涉及的信息是多方面的，因此多维不平等实证测度遇到的首要问题就是如何将这些来自多方面的信息汇总。大部分实证测度在汇总这些信息时都借助了基于能力方法构建的各种反映人类发展的指数，例如，前面提到的人类发展指数、性别发展指数和性别权利指数等。因此，实证测度指标一般是在综合福利指标（composite index of well-being）的基础上得到的。这种测度方法一般分为两步：第一步是将各个福利维度整合成一个可以反映个人福利水平的指标，即综合福利指标；第二步用传统的不平等测度方法（如基尼系数、广义熵指数等）测度综合福利不平等。显然，实证测度的基本思想是将多维问题转化为一维问题，而转化的关键就在于如何得到每个人的综合福利水平。综合福利指标的一般形式为：

$$S_{\varepsilon}(\boldsymbol{x}_i^r) = \{ \sum_{j=1}^{k} w_j [f_j(x_{ij})]^{\varepsilon} \}^{1/\varepsilon} \qquad (2-1)$$

$S_{\varepsilon}(\boldsymbol{x}_i^r)$ 即为第 i 个人的综合福利水平，其大小取决于参数 ε、w_j、转化函数（transformation function）$f_j(\cdot)$ 以及 $\boldsymbol{x}_i^r$。不同的参数设置方式和转化函数形式对应不同的综合福利。例如，HDI 指数就是根据（2-1）式得到的[①]。得到每个人的综合福利水平 $S_{\varepsilon}(\boldsymbol{x}_i^r)$ 以后，多维不平等的问题就转化为一维不平等问题，这时可以用传统的不平等测度方法测算综合福利水平的不平等。麦克吉利夫瑞和菲拉雷塞蒂（2004）用 HDI 的计算方法得到每个人的综合福利，然后再用基尼系数和广义熵指数等传统的测度方法估计多维不平等。贝克等（2005）探讨了收入和健康这两个维度的不平等，他们沿用 HDI 指标中收入的转化函数，但对健康的转化函数进行了改进。显然，转化函数的选取会直接影响综合福利水平的大小，进而影响最终的多维不平等测度。马苏米（1986）认为最合适的综合福利水平该尽可能反映真实分布中的信息，他利用信息理论中的最大熵原理（maximum entropy principle）推导出

① 2011 年以前的 HDI 中 x_i^r =（人均 GDP，人均寿命，人均教育水平）。$\varepsilon = 1$、$w_j = 1/3$，人均 GDP 转化函数为对数标准化，人均寿命和人均教育水平的转化函数为水平值标准化。

最优的 $S_{\varepsilon}^{M}(\boldsymbol{x}_i^r)$ 函数形式如下：

$$S_{\varepsilon}^{M}(\boldsymbol{x}_i^r) = [\sum_{j=1}^{k} w_j \boldsymbol{x}_{ij}^{\varepsilon}]^{1/\varepsilon} \qquad (2-2)$$

与式（2－1）相比，马苏米（1986）在计算综合福利水平时直接用 x_{ij} 进行计算，避免了因使用转化函数而导致的信息损失。

2.2.2 多维不平等的规范测度

多维不平等的规范测度以社会福利函数为基础。社会福利函数 $\boldsymbol{W}(\cdot)$ 将分布矩阵 $\boldsymbol{X}$ 与一个实数值对应，$\boldsymbol{W}(\boldsymbol{X})$ 是分布矩阵 $\boldsymbol{X}$ 对应的社会福利水平。一个合理的社会福利函数需要满足一些基本性质，第一，连续原则（continuity）：$W(\cdot)$ 连续的，$\boldsymbol{X}$ 的微小变化不会引起社会福利水平发生较大变化；第二，帕累托原则（Pareto principle）：社会福利函数是单调递增的，在其他社会成员的资源持有量不变的情况下，任何一个社会成员的任何一种资源持有量的增加都会提高整个社会的福利水平；第三，匿名原则（anonymity principle）：社会福利水平只与社会成员的资源持有情况有关，与社会成员的种族、性别、相貌等个人特征无关；第四，一致庇古—道尔顿占优原则（uniform pigou-Dalton majorization principle-UPM）：社会福利函数是严格拟凹的（quasi-concave），越平均的资源配置方式带来的社会总福利水平越高（韦马克，2006）。其中，一致庇古—道尔顿占优原则是传统的庇古—道尔顿原则在多维情形下的推广，这是多维福利函数和多维不平等规范测度构建过程中最为关键的基本原则之一。多维不平等的规范测度基于多维不平等和社会福利水平的如下关系：在社会总资源一定的情况下，越不公平的分配方式对应的社会福利水平越低（韦马克，2006）。根据社会福利函数的 UPM 性质，我们总是可以得到：$\boldsymbol{W}(\bar{\boldsymbol{X}}) \geqslant \boldsymbol{W}(\boldsymbol{X})$。由 $\boldsymbol{W}(\cdot)$ 的连续性可知，必然存在一个单值 $\Delta(\boldsymbol{X})$ 满足：$\boldsymbol{W}(\boldsymbol{\Delta}(\boldsymbol{X}) \cdot \bar{\boldsymbol{X}}) =$

$W(X)$。当 $\boldsymbol{X} = \bar{\boldsymbol{X}}$ 时，分布矩阵 $\boldsymbol{X}$ 表示的是一个完全平等的分配状态，此时的 $\Delta(\boldsymbol{X}) = 1$。当 $\boldsymbol{X} \neq \bar{\boldsymbol{X}}$ 时，分布矩阵 $\boldsymbol{X}$ 不是平等分配，对应的社会福利水平严格小于 $\boldsymbol{W}(\bar{\boldsymbol{X}})$，此时的 $\Delta(\boldsymbol{X}) < 1$。不平等的极端情况是所有社会资源集中在一个人手中，即 $\boldsymbol{X}$ 中仅有一行元素不全为0，其余行全为0，此时的 $\Delta(\boldsymbol{X}) = 0$。显然，不平等与 $\Delta(\boldsymbol{X})$ 的大小存在一一对应的关系，$\Delta(\boldsymbol{X})$ 越大表示分配越平等，所以多维不平等可用 $\boldsymbol{I}(\boldsymbol{X}) = 1 - \Delta(\boldsymbol{X})$ 进行测度（韦马克，2006）。

$\boldsymbol{I}(\boldsymbol{X})$ 是多维不平等规范测度的一般形式，其具体形式取决于社会福利函数 $\boldsymbol{W}(\cdot)$ 的具体形式。为了得到具体的 $\boldsymbol{I}(\boldsymbol{X})$ 以便用于实证分析，需要进一步限定 $\boldsymbol{W}(\cdot)$ 的基本性质。这些性质通常包括：尺度无关原则（ratio-scale invariance）：社会福利水平相对大小与每种要素的度量单位无关，如收入的度量单位是用元还是百元不影响社会福利函数相对大小；可分原则（separability principle）：社会福利函数是可分的，将同一组人群分别加入到两个社会中，不会影响这两个社会总福利的相对大小；复制不变原则（replication invariance）：假定将一个社会复制成多个，新的社会的福利水平与原社会福利水平相同；相关性增加占优原则（correlation increasing majorization-CIM）：各维度之间相关系数越大，社会福利水平越低（韦马克，2006）。其中，相关性增加占优原则就是为了反映前面提到的各种不平等之间的相互强化作用对社会福利水平的影响。要求社会福利函数满足这一原则可以克服仪表盘法的主要缺陷之一。

根据社会函数形式设定方式的不同，不同的学者提出了不同的多维不平等规范测度，最为主流的三个测度为：崔氏指数、第一类多维广义基尼系数和第二类多维广义基尼系数。

崔氏指数由崔（1995）提出，其计算方法如下：

$$\boldsymbol{I}_{\varepsilon}^{T}(X) = 1 - \left[\frac{1}{n} \sum_{i=1}^{n} \prod_{j=1}^{k} \left(\frac{x_{ij}}{\mu(\boldsymbol{x}_j^c)} \right)^{w_j \cdot \varepsilon} \right]^{1/\varepsilon} \tag{2-3}$$

第一类多维广义基尼系数由高伊多什和韦马克（2005）提出，其计算方法如下：

$$I_{\varepsilon}^{GW}(X) = 1 - \frac{\left\{\sum_{j=1}^{k} w_j \left[\sum_{i=1}^{n}\left(\left(\frac{r_{ij}}{n}\right)^{\delta} - \left(\frac{r_{ij}-1}{n}\right)^{\delta}\right)x_{ij}\right]^{\varepsilon}\right\}^{1/\varepsilon}}{\left(\sum_{j=1}^{k} w_j \mu\,(x_j^c)^{\varepsilon}\right)^{1/\varepsilon}} \quad (2-4)$$

第二类多维广义基尼系数由德坎库和鲁戈（2012）提出，其计算方法如下：

$$I_{\varepsilon}^{DL}(X) = 1 - \frac{\sum_{i=1}^{n}\left[\left(\frac{R_i}{n}\right)^{\delta} - \left(\frac{R_i-1}{n}\right)^{\delta}\right]S_{\varepsilon}^{DL}(x_i^r)}{\left(\sum_{j=1}^{k} w_j \mu\,(x_j^c)^{\varepsilon}\right)^{1/\varepsilon}} \quad (2-5)$$

其中，$S_{\varepsilon}^{DL}(x_i^r) = \left(\sum_{j=1}^{k} w_j\,(x_{ij})^{\varepsilon}\right)^{1/\varepsilon}$，待定参数 ε 反映的是福利的各个维度之间的替代程度[①]，当 $\varepsilon \in (-\infty, 1]$ 时，福利的各个维度之间是完全替代的；当 $\varepsilon = -\infty$时，福利的各个维度之间是完全互补的；当 $\varepsilon = 0$ 时，各个测度指标的形式由对应的极限形式确定。r_{ij} 表示将 x_j^c 从大到小排序后第 i 个人的序号，R_i 表示将 $S_{\varepsilon}^{DL}(x_i^r)$ 从大到小排序后第 i 个人的序号。所以，待定参数 δ 反映的是社会福利函数对境况较差的人赋予的权重，即底层敏感性参数（bottom sensitivityparameter）。δ 越大说明情况较差的人越受重视，$\delta = +\infty$时，对应的社会福利函数便退化为罗尔斯社会福利函数。w_j 是各个维度的权重参数，$\sum_{j=1}^{k} w_j = 1$。

上述三个规范测度对应三个不同的社会福利函数，这三个社会福利函数的基本性质存在差异。在多维不平等研究中，相关性增加占优（CIM）原则是多维社会福利函数区别传统的一维社会福利函数最典型的性质之一。要使 $I_{\varepsilon}^{T}(X)$ 对应的社会福利函数满足 CIM 原则，待定参

① 部分研究都将这一参数称为不平等厌恶系数（Inequality aversion）（德坎库和乌格，2010）。

数 ε 要小于 0（德坎库和乌格，2010）。德坎库和乌格（2012）发现，存在一个严格大于 1 的常数 δ^*，当 $\delta>\delta^*$ 时，$\boldsymbol{I}_{\varepsilon}^{DL}(\boldsymbol{X})$ 对应的社会福利函数满足 CIM 原则（δ^* 的大小取决于 $\boldsymbol{X}$，w_1，…，w_k，ε），但 $\boldsymbol{I}_{\varepsilon}^{CW}(\boldsymbol{X})$ 对应的社会福利函数不能满足 CIM 原则。

在实证运用中应该选用实证测度还是规范测度，既有的研究并没有给出明确的定论。德坎库等（2009）利用世界发展指数中的人均 GDP、人均寿命、成人识字率和中学入学率进行国家层面的多维不平等研究发现，如果转化函数选取适当，实证测度和规范测度得出的结论相近，但实证测度受转化函数选取影响较大。从理论角度来看，我们认为规范测度至少在以下两个方面优于实证测度：一是规范测度有良好的福利经济学基础，每一个规范测度都与一个明确的社会福利函数相对应，建立了多维不平等和社会福利水平之间的对应关系；二是规范测度可以反映一致庇古－道尔顿占优原则和相关性增加占优原则，这是多维不平等问题中最为关键的原则，因为这些基本原则以数学的语言说明了什么样的分配方式才是公平的分配方式。

2.2.3 多维不平等测度中的参数选取

无论是实证测度还是规范测度，各类测度指标中都含有待定参数，这些待定参数在多维不平等实证研究中扮演着重要角色。一方面，只有赋予这些待定参数具体的数值，各个测度才能用于实证研究。另一方面，多维不平等的实证结果往往受待定参数的影响较大（德坎库等，2009；德坎库和乌格，2010）。由于没有统一的理论框架，既有实证研究的参数确定方法种类繁多。

权重参数 w 是实证测度和规范测度共有的参数之一。德坎库和鲁戈（2013）将通常的权重选择方式归纳为三大类：数据驱动法（data-driven approach）、规范法（normative approach）和混合法（hybrid approach）。数据驱动法是指权重的选取依据数据本身的信息（如频率等），研究者在权重选取时不掺入自己的价值评价。规范法与数据驱动法完全相反，规范法的权重选取完全取决于研究者的价值评判，哪些要素应该赋予更大的权重，哪些要素应该更小完全由研究者自己决定。混合法的权重选取方式介于前两种方法之间，研究者可以根据数据特征以及自己的价值评判选择各个要素的权重大小。权重的选择会影响各个维度在社会福利函数中的相对重要性，对社会福利水平的影响至关重要（德坎库和鲁戈，2013）。因此，不同的权重选择有可能对不平等状况做出不同的判断。

另一个实证测度和规范测度都包含的参数是 ε，这一参数通常被设定为1（德坎库和鲁戈，2013）。由于 ε 的大小决定了社会福利函数是否满足 UPM 和 CIM 原则，因此研究者们也会根据这一性质选取 ε 大小。例如，德坎库等（2009）和德坎库和乌格（2010）在使用崔氏指数时分别将 ε 设定在 $[-1.5, 1]$ 和 $[-9, 1]$ 这两个范围当中。德坎库和鲁戈（2012）在使用多维广义基尼系数时将 ε 设为0。底层敏感性参数 δ 是多维基尼系数中特有的参数，德坎库和鲁戈（2012）在实证研究中分别考虑了 $\delta = 2$ 和 $\delta = 5$ 这两种情况。事实上，除参数 δ 之外，其余参数都有明确的经济含义，因此待定参数的确定应该以人们的真实偏好和居民的市场行为为依据（德坎库和鲁戈，2013）。

2.2.4 多维不平等的占优分析

多维不平等测度为福利分布的比较提供了标准，根据这一标准，我们可以判断一个福利分布状况是否比另一个福利分布状况更为合意。福利分布的另一种比较方式是占优分析（dominance analysis），亦称分布排序（distribution ranking）。占优分析的核心是寻找判断一个分布是否比另一个分布更为合意的充分必要条件，即占优条件（dominance criteria）。穆勒和特拉努瓦（2012）指出，推导多维环境下的占优条件仍然是现代福利分析中面临的最大挑战。本节将简单梳理既有相关研究的理论成果。

在收入分布的占优分析中，以下三种表述是等价的：（1）收入分布A比收入分布B具有较高的社会福利水平；（2）收入分布A的（广义）洛伦兹曲线位于收入分布B的（广义）洛伦兹曲线之上；（3）收入分布A可以由收入分布B经过一系列庇古-道尔顿转移得到。文献中通常分别将这三种表述称为福利占优、洛伦兹占优和庇古-道尔顿占优。类似收入分布的占优分析，多维占优分析中也有庇古-道尔顿占优、福利占优和洛伦兹占优。

科尔姆（1977）利用双随机矩阵（bistochastic matrix）定义了多维情形下的庇古-道尔顿转移，并研究了多维情形下的庇古-道尔顿占优问题。阿特金森和布吉尼翁（1982）最早在多维环境下考查了福利占优问题，并探讨了二维情形下的一阶占优和二阶占优条件。科舍沃伊（1998）将洛伦兹曲线推广为洛伦兹曲面，探讨了多维情形下的洛伦兹占优问题。

科尔姆（1977）和阿特金森和布吉尼翁（1982）的研究都假定非货币维度是连续变量。当非收入特征是离散变量时，福利经济学文献中存在着两种处理方法。在考虑家庭规模引起的收入差异时，学者们通常用等价尺度（equivalence scales）。这一方法依据家庭的人口结构对家庭总收入进行调整，从而使得调整后的收入在不同家庭之间是可比的。例如，人均收入就是一种特殊的等价尺度调整。利用等价尺度调整收入实际上将多维问题转化为传统的单维问题，传统的分析方法都适用于调整后的收入，故降低了研究的难度。但使用等价尺度却面临两个问题。第一，等价尺度是一种非常特别的处理方法，它没有任何理论基础（莫耶斯，2012）。第二，用等价尺度调整收入有可能和庇古-道尔顿转移矛盾。此时，庇古-道尔顿转移可以降低家庭间生活水平不均等的程度，但同时却增加了整个社会的收入不平等。相反，从低收入家庭向富家庭进行收入转移却有可能减少不平等程度（格莱维，1991）。

第二类方法由阿特金森和布吉尼翁（1987）提出，他们沿用了随机占优分析思想，但将社会福利函数中的非收入特征设定为离散变量，分析了二维情形（家庭收入和家庭规模）下的随机占优条件，从而得到了所谓的序贯广义洛伦兹占优（sequential generalized Lorenz dominance）。这一结论的前提假定是各种规模的家庭在所有家庭中的占比保持不变。因此，这一结论适用于比较税前和税后的收入分布情况。如果要比较不同国家或同一国家不同时点上的收入分布情况，阿特金森和布吉尼翁（1987）的结论不再适用。为了克服这一缺陷，詹金斯和兰伯特（1993）和尚巴兹和莫林（1998）通过对不同家庭的效用水平附加额外的限定，对序贯广义洛仑兹占优进行改进，使得新的占优原则可用于人口结构不同的社会。巴津和莫耶斯（2003）和莫耶斯（2012）对上述附加的额外限定进行修改，使得非收入因素的边际分布对比较结果产生影响。另一些研究则通过揭示序贯广义洛仑兹占优的其他特征为它提供了其他经济解释（奥克和兰伯特，1999；埃伯特，2000）或从其他方面推广了这一占优原则（乌格，2007）。格拉韦尔和莫耶斯（2011）和雅龙斯基（2013）分别在二维和任意维度情况下探讨了含有序数变量的福利占优条件。莫耶斯（2012）的研究已经使得序贯广义洛仑兹占优的分析框架和阿特金森和布吉尼翁（1982）提出的随机占优分析框架具有非常相似的特征。为此，穆勒和特拉努瓦（2012）认为，没有必要区分非收入因素是否连续，两种情况下的结论完全可以在一个统一的分析框架下得到。

从实证运用的角度来看，占优分析和不平等测度各具优点。首先，不平等测度对社会福利函数的限制条件较多，一个测度对应一个社会福利函数，只能对这一特定福利函数下的福利状况进行比较。而占优分析对福利函数限制较少，一旦占优条件成立，就可以对一类福利函数下福利状况进行比较。其次，不平等测度对福利分布是否合意总是能给出明确的结论，但占优分析只能在占优条件成立的情况下才有明确结论，而占优条件是否成立往往难以实证。最后，不平等测度的运用一般不受维度的限制，而目前占优分析大多只限于二维情况，鲜有文献讨论更多维度的占优条件。总结以上三点，我们认为不平等测度更适合作为多维不平等的实证研究工具。

2.3 能力分析法应用二：机会不平等测度

正如本章在第一节中指出，森对功能与能力的区分实质上就是对机会与结果的区分。机会不平等的核心部分就是区分结果与机会，强调个人责任在不平等评估中的重要作用。假定用 y 表示我们研究问题中关注的某种个人认为有价值的结果（收入、健康、医疗服务或教育等）。按照罗默（1993；1998；2012）的方法，$y = (c, e)$，其中 c 表示所有影响 y 且个体无法控制的因素，即环境因素（circumstances），e 表示所有影响 y 且个体自己可以控制的因素，即努力因素（effort）。y 是 c 和 e 的增函数，所以 y 和效用函数不是一个概念，效用通常假定 e 起到负效用的作用。机会不平等研究的目的就是分析 y 的不平等当中有多少是源于不可控的环境因素的影响。与多维不平等的测度不同，既有的文献中对机会不平等的测度大多是实证测度，大部分测度指标并不依赖于福利经济学理论，更多的是依据公理准则对直观的不平等进行度量。公理准则提出了机会不平等测度所必须满足的基本性质，这类似于收入不平等测度中的庇古—道尔顿原则指出合理的收入不平等测度方法至少应该能够反映庇古—道尔顿转移可降低不平等程度这一性质。机会不平等测度中最为常见的原则是补偿原则（compensation principle）和回报原则（reward principle）。

考虑一个人口为 N 的社会，$y_i = f(c_i, e_i)$，$i = 1,2,\cdots,N$。为了便于说明，假定 c 可分为 T 类，e 可分为 L 类，任意个体 i 必然存在唯一的 t 和 l 使得 $y_i = f(c_i, e_i) = f(c^t, e^l) = y^{tl}$，故总人口被划分为 TL 部分，具有相同 c 的所有个体称为一类（type），具有相同 c 和 e 的所有个体称

为一个基组（cell）。每个社会的社会状态可用下面两个 $T \times L$ 的矩阵表示。

$$Y = \begin{pmatrix} y^{11} & & & & y^{1L} \\ & \ddots & & & \\ & & y^{tl} & & \\ & & & \ddots & \\ y^{T1} & & & & y^{TL} \end{pmatrix} \quad P = \begin{pmatrix} N^{11} & & & & N^{1L} \\ & \ddots & & & \\ & & N^{tl} & & \\ & & & \ddots & \\ N^{T1} & & & & N^{TL} \end{pmatrix}$$

N^{tl}表示环境因素为 c^t 且努力因素为 e^l 的个体的总人数，故 $\sum_{t=1}^{T} \sum_{l=1}^{L} N^{tl} = N$。

2.3.1　机会不平等测度中的补偿原则

补偿原则认为，环境导致的不平等应该尽可能被消除。换言之，补偿原则建议缩小矩阵 Y 中不同行之间的差距。弗勒拜伊和佩拉吉内（2013）指出，补偿原则在具体的运用中又可分为事后补偿（ex post compensation）和事前补偿（ex ante compensation）。

事后补偿：对于两个不同的社会状态 $\boldsymbol{Y}$ 和 $\boldsymbol{Y}'$，如果存在 $l \in \{1,\cdots,L\}$ 和 $s,t \in \{1,\cdots,T\}$ 使得：

$y'^{tl} > y^{tl} > y^{sl} > y'^{sl}, y^{ab} = y'^{ab}, ab \neq \{tl, sl\}$，那么社会状态 $\boldsymbol{Y}$ 要优于社会状态 $\boldsymbol{Y}'$（无特别说明，本章总是假定对应的 $\boldsymbol{P}$ 和 $\boldsymbol{P}'$是相同的，故可直接用 $\boldsymbol{Y}$ 表示社会状态）。

事后补偿原则中的条件的含义是，给定努力因素 e，社会状态 $\boldsymbol{Y}$ 中的结果 y 分布比 $\boldsymbol{Y}'$更平均。所以，事后补偿要求观察到个体的努力因素，这正是划分事前补偿与事后补偿的标准（弗勒拜伊和佩拉吉内，2013）。事前补偿在评估不平等时避免使用努力因素的信息，仅利用环境因素信息比较和评估机会不平等。

事前补偿：对于两个不同的社会状态 $\boldsymbol{Y}$ 和 $\boldsymbol{Y}'$，如果（1）存在 s，

$t \in \{1,\cdots,T\}$ 使得，$y^{sl} \geqslant y^{tl}$ 对任何 $l \in \{1,\cdots,L\}$ 都成立；且（2）存在 $l_1, l_2 \in \{1,\cdots,L\}$（$l_1 = l_2$ 是允许的）使得 $y'^{sl_1} > y^{sl_1}$ 并且 $y'^{tl_2} < y^{tl_2}$，$y^{ab} = y'^{ab}$，$ab \neq \{tl, sl\}$，那么社会状态 $\boldsymbol{Y}$ 要优于社会状态 $\boldsymbol{Y}'$。

事前补偿原则中条件（1）的含义是：存在一类环境因素，它无论在何种社会状态下都能得到更好的结果 y；条件（2）的含义是：与社会状态 $\boldsymbol{Y}$ 相比，原本就有利的这一类环境因素在社会状态 $\boldsymbol{Y}'$ 下显得更为有利。因此，社会状态 $\boldsymbol{Y}'$ 比社会状态 $\boldsymbol{Y}$ 更不平等。

事前补偿原则和事后补偿原则都认为不同类之间的结果差异需要得到政策的补偿，各类环境因素之间的结果差异越大表明社会状态越不合意，机会不平等情况越严重。但这两种补偿原则在经验分析中常常相互冲突（弗勒拜伊和佩拉吉内，2013）。拉克斯和范德盖尔（2012）提供了一个简单的例子直观地解释了弗勒拜伊和佩拉吉内（2013）的理论①。在下面两个假想的社会状态中 $T=4$，$L=2$。从社会状态 $\boldsymbol{Y}$ 到社会状态 $\boldsymbol{Y}'$ 可经过两步变化：第一步增加第一行和第二行之间的差距；第二步增加第三行和第四行之间的差距。注意到第一类在两个社会状态下都处于更有利的地位，第三类也在两个社会状态下都更有利。所以依据事前补偿原则，上述的两步变化使得社会状态 $\boldsymbol{Y}$ 比社会状态 $\boldsymbol{Y}'$ 更合意。从社会状态 $\boldsymbol{Y}'$ 到社会状态 $\boldsymbol{Y}$ 同样可经过两步：第一步扩大第一列内部的差距；第二步扩大第二列内部的差距。依据事后补偿原则，社会状态 $\boldsymbol{Y}'$ 优于社会状态 $\boldsymbol{Y}$。这个例子直观地说明了弗勒拜伊和佩拉吉内（2013）提出的事前补偿与事后补偿不相容理论。

$$\boldsymbol{Y} = \begin{bmatrix} 20 & 15 \\ 15 & 10 \\ 30 & 6 \\ 25 & 1 \end{bmatrix} \boldsymbol{Y}' = \begin{bmatrix} 21 & 15 \\ 15 & 9 \\ 30 & 7 \\ 24 & 1 \end{bmatrix}$$

① 拉莫斯和范德盖尔（2012）引用的是弗勒拜伊和佩拉吉内（2013）的工作论文版本。

2.3.2　机会不平等测度中的回报原则

从前面的分析可知，补偿原则针对的是不同类之间的结果差距。相反，回报原则针对的是同一类内部不同努力因素之间的结果差距。常见的回报原则有自由主义回报原则（liberal reward）（弗勒拜伊，1995；拉莫斯和范德盖尔，2012；弗勒拜伊和佩拉吉内，2013）、功利主义回报原则（utilitarian reward）（弗勒拜伊，2008；拉莫斯和范德盖尔，2012；弗勒拜伊和佩拉吉内，2013）和不平等厌恶回报原则（勒弗朗等，2009；拉莫斯和范德盖尔，2012；罗默，2012）。

自由主义回报原则与再分配政策相关，这一原则认为，政府部门实施的税收和转移支付政策应该尊重个人的努力因素对结果的影响（拉莫斯和范德盖尔，2012）。因此，自由主义回报原则试图尽可能减小个体努力因素与再分配政策之间的相关性，并提倡对同一类的人群（有相同环境因素的人群）施行相同的转移支付政策（弗勒拜伊和佩拉吉内，2013）。

自由主义回报原则：假定两个社会的再分配政策分别是 r 和 r'，$\boldsymbol{Y}$ 和 $\boldsymbol{Y}'$分别表示政策后的社会状态，如果存在 l_1，$l_2 \in \{1,\cdots,L\}$ 和 $t \in \{1,\cdots,T\}$，使得 $r'^{tl_1} > r^{tl_1} > r^{tl_2} > r'^{tl_2}$，$y^{ab} = y'^{ab}$，$ab \neq \{tl_1, tl_2\}$，那么社会状态 $\boldsymbol{Y}$ 要优于社会状态 $\boldsymbol{Y}'$。

自由主义回报中的条件的含义是，再分配政策 r'中相同类（t）不同努力因素（l_1 和 l_2）之间的转移支付存在差距并且差距的程度要比再分配政策 r 中的差距程度更大。由于自由主义回报要求同一类人群面临的再分配政策尽可能相同（无论其努力因素如何），所以上述条件自然说明社会状态 $\boldsymbol{Y}$ 要比社会状态 $\boldsymbol{Y}'$ 更不公平。拉莫斯和范德盖尔（2012）对自由主义回报给出了一个更为直接的定义①。

① 本书使用的自由主要回报原则定义方式类似于弗勒拜伊和佩拉吉内（2013）的定义，但需要注意的是本书中 r 与弗勒拜伊和佩拉吉内（2013）文中所用的 r 具有不同的含义。

回报原则提倡尊重个体努力因素对结果的影响。功利主义回报原则进一步指出，尊重个人努力因素导致的结果差异就意味着对这种差异应该持有0不平等厌恶（zero inequality aversion）的态度，因此人们应该关注的是每一类个体（相同环境因素的人群）的结果加总后的差异（忽略了每一类的内部结果差异，即对内部结果差异是0不平等厌恶的）。

功利主义回报原则：对于两个不同的社会状态（$\boldsymbol{Y}$，$\boldsymbol{P}$）和（$\boldsymbol{Y}'$，$\boldsymbol{P}'$）如果存在 $t\in\{1,\cdots,T\}$ 使得 $\sum_{l=1}^{L}N^{tl}y^{tl}>\sum_{l=1}^{L}N'^{tl}y'^{tl}$ 且对所有 $s\neq t$ 有 $\sum_{l=1}^{L}N^{tl}y^{tl}=\sum_{l=1}^{L}N'^{tl}y'^{tl}$，那么社会状态 $\boldsymbol{Y}$ 要优于社会状态 $\boldsymbol{Y}'$。

功利主义回报原则中的条件的含义是，结果总和越大的社会状态越合意。这非常类似于前面介绍的功利主义平等原则的思想，即所关注的是结果的加总。弗勒拜伊和佩拉吉内（2013）证明，自由主义回报原则和功利主义回报原则都和事后补偿原则不相容，但都与事前补偿原则是相容的。

不平等厌恶回报原则反对功利主义回报原则对同一类人群内部的结果差异反应不敏感（0不平等厌恶）的做法。不平等厌恶回报原则认为即使在给定环境因素的条件下，即在具有相同环境因素的同一类人群中，也不能说所有的结果差异都是应该得到尊重的或都是努力因素的合理回报，部分结果的差异仍然是需要补偿的（拉克斯和范德盖尔，2012）。勒弗朗等（2009）为上述观点提供了一个解释，他们认为，除了环境因素和努力因素之外，决定个体结果的还包括一个随机因素，即运气（luck），故给定环境之后，个体所面临的结果仍然是随机的，又因为人们通常都是风险厌恶的，所以他们建议从风险厌恶的角度来评价不平等。风险厌恶和不平等厌恶之间存在紧密的联系，这一点早在阿特金森（1970）的研究中就已经引起重视。勒弗朗等（2009）借鉴了阿特金森（1970）的思想利用福利函数提供了一个评估机会不平等的随机占优分析方法。另一种解释认为，在经验分析中研究者们能够控制的环境因素毕竟只是大量环境因素中的一部分，因此即便是控制了这些可以观察到的环境因素，结果的差异中仍然有些是来自不可观察的环境因素，这种差异不能看作努力因素的回报，应该得到补偿（罗默，2012）。

不平等厌恶回报原则：对于两个不同的社会状态 $\boldsymbol{Y}$ 和 $\boldsymbol{Y}'$，如果存在 $t \in \{1,\cdots,T\}$ 和 $\delta > 0$ 以及存在 l_1，$l_2 \in \{1,\cdots,L\}$ 使得 $y'^{tl_1} - \delta = y^{tl_1} \geqslant y^{tl_2} = y'^{tl_2}$，$y^{ab} = y'^{ab}$，$ab \neq \{tl_1, tl_2\}$，那么社会状态 $\boldsymbol{Y}$ 要优于社会状态 $\boldsymbol{Y}'$。

总结前面的分析可知：（1）事前补偿原则与事后补偿原则之间相互冲突；（2）回报原则都是基于事前的方法；（3）回报原则与事后补偿原则之间相互冲突。因此，回报原则和补偿原则之间出现的冲突实际上是事前分析法与事后分析之间的冲突（弗勒拜伊和佩拉吉内，2013）。切奇和佩拉吉内（2010）、弗勒拜伊（2008）和奥吉特等（2007）研究都涉及了事前分析法和事后分析法之间冲突。奥吉特等（2007）指出，事前分析法就是关注 Y 中行与行之间的差距，事后分析法就是关注态 $\boldsymbol{Y}$ 的列与列之间的差距。

2.3.3　机会不平等测度

与多维不平等的测度不同，机会不平等的测度目前大多集体中单维度问题，探讨多维度机会不平等的文献还相对较少。现有的机会不平等研究文献大多关注的是收入的机会不平等，收入的机会不平等也是本书关注的内容。然而，正如前面的分析所说，机会不平等分析框架中的结果可以是收入、健康和教育等变量的结果，机会不平等的研究方法不限于收入这一维度，例如，健康和医疗服务的机会不平等（弗勒拜伊和斯科凯尔特，2009；特拉努瓦等，2010），教育机会不平等研究（佩拉吉内和塞伦加，2008）。正如多维不平等测度中的 CIM 原则是非常重要的问题一样，在考虑多个不同的结果时，各个结果之间的相关性与机会不平等的评估也是比较有意思的事情，但这一问题的探讨还不是很多。此外，机会不平等测度中较少使用规范测度，大多研究使用的都是实证测度。德夫特（2008）和阿尔玛斯等（2011）是少数以一系列公理为前提推导机会（不公平的）不平等的研究，本书在进行经验分析时也将使用实证测度。

在对机会不平等进行经验分析时面临的第一个问题就是环境因素和努力因素的不可观测问题。所以，观察的结果可表示为 $y_i = f(vc_i, ve_i, \varepsilon_i)$，$vc_i$ 和 ve_i 分别表示可以观测到的环境因素和努力因素，ε_i 表示所有影响结果 y_i 且无法观测的因素，它包括不可观测的环境因素、努力因素以及其他随机干扰因素。另外，$f(\cdot)$ 的具体形式也是不知道的，实证中可以用参数回归或非参数的方式估计结果 y_i 与环境因素和努力因素之间的关系。正如前面的分析所说，机会不平等经验分析可以用事前法（布吉尼翁等，2007；费雷拉和吉格努克斯，2011；勒弗朗等，2008；2009；佩拉吉内和塞伦加，2008）也可用事后法（罗默，1993；1998；弗勒拜伊，1995；艾贝吉等，2011；切奇和佩拉吉内，2010）。然而，努力因素比环境因素更难以观察，所以使用事前法对数据的要求更低一些（拉莫斯和范德盖尔，2012）。

2.4 本章小结

从国内外的研究现状看，学者们已经在三个问题上达成基本共识：一是福利具有多维性，单一的收入维度不能反映居民的福利水平，全面刻画居民福利水平需要引入非货币维度；二是我们不仅要关注多维福利的水平，还要关注多维福利的差异，这要求不平等的测度从单一维度转向多维；三是探讨不平等问题时要考虑个人责任因素。这都在森的能力分析法中得到体现。

就多维福利不平等测度理论而言，未来还需要完善多维不平等测度指标中待定参数的确定方法，开成统一的合理的参数确定标准。在既有的研究中，研究者们在确定各种参数时带有很大的随意性，这既违背了实证研究的严谨性原则也与福利多维性的基本内涵矛盾。福利多维性要求合理地汇聚福利的各个维度，以尽可能真实地反映居民福利水平，因此信息的汇聚应该以居民的真实偏好为标准，而不是随意地加总。就机会不平等测度理论而言，未来的工作主要是在不同测度理论之间寻求最为合理的测度方法。另一个重要的理论问题是在多维福利的框架下考虑多维机会不平等问题。

就多维福利不平等和机会不平等的实证研究而言，未来的研究空间主要是基于微观数据的实证分析，而这要求统计部门尽可能详细地提供影响居民福利的微观信息。从既有的研究来看，多维福利不平等的实证分析主要是基于国家层面数据的研究，机会不平等的研究虽然基于微观数据，但仍然面临机会信息集较小的问题。

最后，关于中国的多维福利不平等和机会不平等的研究可谓凤毛麟角，而就中国当前面临的现实问题而言，相关研究的缺失是非常不合理的现象。一方面，中国正在告别“唯 GDP 论英雄”的时代，这要求我们对多维福利给予充分的重视。另一方面，中国要保持经济健康平衡的发展，成功跨越“中等收入陷阱”，机会不平等是不可回避的问题。

第 3 章

多维福利、低福利增长与不平等

本章利用微观数据探讨低福利增长的微观机制，并通过对中国低福利增长现象的探讨揭示出多维福利和多维不平等的重要性。

3.1 经济增长、福利增长与不平等——单维视角

从第 2 章的分析可以看到，在规范性的不平等研究中，社会福利函数是重要工具和基石。假定一个社会的收入分布函数为 $F(y)$，对应的密度函数为 $f(y)$，y 代表收入水平。社会福利函数一般设定为功利主义社会福利函数形式，即社会福利水平为所有成员的效用水平的加总。假定收入水平为 y 的居民的效用水平为 $U(y)$，社会福利水平 $W(F)$：

$$W(F) = \int_0^{+\infty} U(y)f(y)\,\mathrm{d}y \tag{3-1}$$

式（3-1）隐含着一个假定，即除收入外，其他个人特征全是相同的。因此，收入分布充分反映了这个社会的当前状态。假设另一个社会状态下的收入分布为 $G(y)$，对应的密度函数为 $g(y)$，社会福利水平为 $W(G)$。两种社会状态下的社会福利水平差异为：

$$W(F)-W(G)=\int_{0}^{+\infty}U(y)[f(y)-g(y)]\mathrm{d}y \qquad (3-2)$$

如果 $W(F)\geqslant W(G)$，我们就说社会状态 F 比社会状态 G 更为合意，即我们更偏好社会状态 F。这就是功利主义者的基本思想。

显然，式（3-2）的符号除了与两个社会的分布状态有关，也与社会成员的效用函数形式有关。在给定两个社会状态的前提下，不同的效用函数形式可以使式（3-2）呈现出不同的符号。然而，并没有理论研究表明效用函数一定要呈现某一特定的形式，学者们在设定效用函数形式时并没有局限在某种特定形式上。效用函数形式设定的随意性使得经济学者们在利用式（3-2）时遭遇困境。为了避免这种随意性导致社会状态合意性比较的结果存在矛盾，学者们找到了一种折衷的方法。这种方法是，在允许效用函数的具体形式选择有一定随意性的基础上，对效用函数的一般性质进行限定。例如，我们可以要求效用函数是单调增的凹函数，但不具体给定其函数形式。假定满足一般性质限定的所有函数构成的集合为 $\mathscr{U}$。那么，我们更偏好社会状态 F 的含义可以表述为：对于任意一个 $\mathscr{U}$ 中的效用函数，都有 $W(F)\geqslant W(G)$ 成立，即：

$$W(F)\geqslant W(G)\ \forall\ U\in\mathscr{U} \qquad (3-3)$$

若式（3-3）成立，不同学者对两个社会状态合意性的比较会形成一致的结论，这种一致性的前提是学者们都认可 $\mathscr{U}$ 对效用函数的限定是合理的。例如，效用函数关于收入是单调增的凹函数是非常合理的要求。这类效用函数可以表示为：

$$\mathscr{U}_1=\{U\mid U'>0,U''\leqslant 0\} \qquad (3-4)$$

式（3-3）确实从理论上解决了效用函数选取随意带来的问题，但在实际运用时，直接检验两个分布是否满足式（3-3）几乎是不可能的，因为这涉及在 $\mathscr{U}$ 中每个效用函数下检验 $W(F)\geqslant W(G)$ 是否成立。

福利增长与经济增长之间的关系可由收入分布的随机占优给出

(*Rothschild* 和 *Stiglitz*，1970*a*；1970*b*)。$W(F) \geqslant W(G)\ \forall U \in \mathscr{U}_1$ 当且仅当居民的效用函数满足式（3-4），收入分布 F 比收入分布 G 具有更高的社会福利水平当且仅当分布 F 二阶随机占优于分布 G。只要我们认可对 $\mathscr{U}_1$ 效用函数的限定是合理的，两种收入分布合意性的比较便转化为它们之间二阶随机占优的比较。$\mathscr{U}_1$ 中的效用函数具有什么特点呢？效用函数关于收入的一阶导大于0说明收入增加会带来效用水平的增加，二阶导小于0说明收入增加的边际效用是递减的。上述性质是非常合理的性质。结合式（3-1）和式（3-4）可以发现，二阶导数小于0背后隐含着我们对公平的偏好。因为收入的边际效用递减说明，一单位的收入增加带给低收入者的效用增加量要大于其带给高收入者的效用增加量。换言之，在社会的收入总量不变的情况下，从高收入者向低收入者进行适当的转移支付会提高社会福利水平。因此，在式（3-4）的设定下，庇古—道尔顿转移可以提高社会福利水平。这说明承认（3-4）式的合理性就承认了对公平的偏好。

$$\int_0^z [F(y) - G(y)]\mathrm{d}y \leqslant 0\ \forall z \in [0, +\infty) \tag{3-5}$$

综上所述，式（3-4）联系着两个方面的内容：一是对公平分配的偏好；二是分布的二阶占优关系。因此，一个自然的猜想是：对公平分配的偏好与分布的二阶占优之间存在着某种关系。这种关系体现为洛伦兹占优和广义洛仑兹占优。阿特金森（1970）证明，若收入分布 F 和 G 具有相同的均值，即 $\mu(F) = \mu(G)$，那么 $W(F) \geqslant W(G)\ \forall U \in \mathscr{U}_1$ 当且仅当 $L(F,p) \geqslant L(G,p)\ \forall p \in [0,1]$，其中，$L(F,p)$ 表示收入分布 F 的洛仑兹曲线。这一结论表明，当两个社会状态具有相同的平均收入并且居民的效用函数满足（3-4）式时，较高的社会福利水平等价于较高的洛仑兹曲线。由于较高的洛仑兹曲线表示较低的不平等水平，所以，在社会平均收入不变化的情况下较低的不平等对应较高的社会福利水平。故不平等的收入分布意味着社会福利的损失。显然，这一关系背后的根本原因在于 $\mathscr{U}_1$ 暗含着对公平的偏好。

仅用收入刻画社会成员的效用水平，进而构建社会福利函数有其自身的合理性。首先，从微观个体（个人或家庭）的角度来看，个体的效用水平可以非常合理地被视为他们所消费的各种商品数量的函数。假定每个个体都是价格接受者，各种商品的价格对他们而言是既定的。消费者最大化自己的效用水平时，各种商品的消费量是所有商品价格和消费者自己收入的函数。由于商品价格是给定的，所以消费者的间接效用水平可以视为其收入的函数。其次，从客观的数据可获得性角度来看，收入是更容易获得的个人生活水平影响因素信息。虽然学者们普遍认为生活水平的决定因素有很多，但收入无疑是最重要且最容易获得并且方便度量的信息。

然而，为仅用收入水平刻画个体的效用水平所进行的辩护仍然显得苍白无力。首先，随着科技的发展与信息技术的完善，越来越多的微观个体信息可获得，用数据的可获得性作为仅仅聚焦于收入信息的理由已经不再具有说服力（莫耶斯，2012）。其次，在众多影响居民生活水平的因素中，并不是所有的因素都具有真实的市场价格（特拉努瓦，2006）。例如，空气质量、健康状况、安全状况等都是影响生活水平的重要因素，但如何界定这些因素的市场价格却是一个悬而未决的问题。解决这些问题需要我们构建多维的社会福利函数。

3.2 经济增长、福利增长与不平等——多维视角

假定影响居民福祉的因素是居民的收入水平 y 和健康水平 h，其中 $y \in [0, \bar{y}]$，$h \in [0, \bar{h}]$，$\bar{y}$ 和 $\bar{h}$ 均为正实数，分别表示收入和健康的最高水平。收入和健康的联合分布为 $F(y,h)$，$F_y(y)$ 和 $F_h(h)$ 分别表示收入和健康的边际分布，$F(y \mid h)$ 表示给定健康水平为 h 时，收入的条件分布。

假定居民的效用①水平由函数 $U(y,h)$ 决定，在收入和健康的联合分布 $F(y,h)$ 下，社会福利函数可以表示为（穆勒和特拉努瓦，2012）：

$$W_F = \int_0^h \int_0^{\bar{y}} U(y,h)\, dF(y,h) \tag{3-6}$$

穆勒和特拉努瓦（2012）指出，（3－6）式既适用于连续变量，也可用于离散变量。居民收入通常被视为连续变量，而健康水平通常用自评健康度量，是离散变量。假定居民的健康可分为 K 类，健康水平分别为 h_k，$k=1$，2，…，K，且 $h_1 \leqslant h_2 \leqslant \cdots \leqslant h_K$。第 k 类健康状况的居民占总人口的比例为 ϕ_k，$\phi_1 = F(h_1)$，$k \geqslant 2$ 时，$\phi_k = F(h_{k+1}) - F(h_k)$。$U_k(y) = U(y,h_k)$，表示健康为 h_k 的居民在收入为 y 时获得的效应水平。$F(y \mid h_k)$ 表示第 k 类健康状况的居民的收入分布，为了便于分析，我们假定 $F(y \mid h_k)$ 连续可微，且对应的条件密度为 $f_k(y)$。笔者将（3－6）式简化为：

$$\begin{aligned} W_F &= \int_0^{\bar{h}} \Big[\int_0^{\bar{y}} U(y,h)\, dF(y \mid h) \Big] dF_h(h) = \sum_{k=1}^{K} \phi_k \Big[\int_0^{\bar{y}} U(y,h_k)\, dF(y \mid h_k) \Big] \\ &= \sum_{k=1}^{K} \varphi_k \int_0^{\bar{y}} U_k(y) f_k(y)\, dy \end{aligned} \tag{3-7}$$

式（3－7）的含义是：社会总福利水平等于各类健康人群内部的总福利的加权平均，且权数为各类人群占总人口的比例。

假定居民收入和健康分布变为 $G(y,h)$，且第 k 类居民收入的条件分布和条件密度分别为 $G(y \mid h_k)$ 和 $g_k(y)$，对应的社会福利水平为 W_G。社会福利水平的变化量为：

$$\Delta W = W_G - W_F = \sum_{k=1}^{K} \phi_{Gk} \int_0^{\bar{y}} U_k(y) g_k(y)\, dy - \sum_{k=1}^{K} \phi_{Fk} \int_0^{\bar{y}} U_k(y) f_k(y)\, dy \tag{3-8}$$

① 严格来说这里的“效用”一词并不合适，因为它不是功利主义中社会福利函数中的效用，这里的“效用”是指居民的福利水平。

健康为 k 的居民在两个分布下所占总人口的比例可以不同，但是 $\sum_{k=1}^{K}\phi_{Gk}=\sum_{k=1}^{K}\phi_{Fk}=1$。为了便于分析，假定两个分布下居民的最高收入水平均为 $\bar{y}$①。

ΔW 的大小就是评价分布 F 和 G 的标准。显然，影响福利水平变化的因素除了分布的变化外，还有居民的效用函数 U。通常假定 U 具有如下性质

$$U_k(\bar{y})=\bar{U},\ \forall k=1,2,\cdots,k \tag{3-9}$$

$$U'_1(y)\geqslant U'_2(y)\geqslant\cdots\geqslant U'_K(y)\geqslant 0,\ \forall y\in[0,\bar{y}] \tag{3-10}$$

$$U''_1(y)\leqslant U''_2(y)\leqslant\cdots\leqslant U''_K(y)\leqslant 0,\ \forall y\in[0,\bar{y}] \tag{3-11}$$

式（3-9）的意思是假定所有居民能达到的最高效用水平是相同的；式（3-10）表示收入的边际效用为正，且在给定的收入水平上，收入的边际效用随着居民健康状况的改善而下降；式（3-11）说明收入的边际效用递减，且在给定的收入水平上，收入的边际效用递减速度随着居民健康状况的改善而下降。以上的效用函数性质都是与直觉相符的。在上面的效用函数假定下，可以得到以下两个命题（简化证明见本书附录）：

命题1（一阶随机占优）：对任意满足式（3-9）和式（3-10）的居民效用函数，健康和收入联合分布 G 下的社会福利水平不小于分布 F 下的福利水平，即 $W_F\geqslant W_G$ 当且仅当：

$$\sum_{j=1}^{k}[\phi_{Gj}G_j(y)-\phi_{Fj}F_j(y)]\leqslant 0,\ \forall y\in[0,\bar{y}],\ \forall k=1,2,\cdots,K \tag{3-12}$$

命题2（二阶随机占优）：对任意满足式（3-9）~式（3-11）

① 这并不是一个很强的假定，因为我们总是可以将两个分布延拓到同一个区间上。

的居民效用函数，健康和收入联合分布 G 下的社会福利水平不小于分布 F 下的福利水平，即 $W_F \geqslant W_G$ 当且仅当：

$$\sum_{j=1}^{k}\int_{0}^{y}\left(\sum_{j=1}^{k}\phi_{Gj}G_j(s)-\phi_{Fj}F_j(s)\right)ds \leqslant 0,\ \forall y \in [0,\bar{y}],\ \forall k = 1,2,\cdots,K \tag{3-13}$$

式（3－12）表明，在对两个分布进行评价时，我们应该首先从处于最低健康水平上的居民的收入分布开始，然后再延伸到所有居民的收入分布。任意给定的收入水平 y 和健康类别 k，只有当收入水平低于 y 且健康类别低于 h_k 的居民在总人口中的比例没有增加时，才说明社会总福利没有下降。式（3－13）的直观含义并不明显，但是注意到：$\int_0^y G_k(s)\,ds = \int_0^y (y-s)g_k(s)\,ds$，这就是贫困线为 y 时的贫困差距指数（*poverty gap index*）。所以，式（3－13）的经济含义是：任意给定的贫困线，各类健康人群的平均贫困差距较小时，社会总福利水平会增加。

式（3－12）和式（3－13）只反映了经济增长与福利增长之间的关系，对不平等的反映并不明显。这是因为到目前为止我们还没有涉及多维不平等的定义和测度（这在后面一章讨论），但接下来的实证分析可以为多维福利不平等提供一个直观的认识。

3.3 低福利增长与不平等——以收入和健康两维为例

3.3.1 数据和变量

本章的数据来源于“中国健康与营养调查”（*CHNS*）数据库。该项调查始于1989 年，由美国北卡罗来纳大学人口研究中心和中国疾病防治与控制中心联合实施[①]。该项调查的优点是追踪调查，并且调查范围覆盖了我国东、中、西部的 10 多个典型省份。调查的样本量较大，每年约有 4000 ~7000 户城乡家庭接受访问。由于不同年份的问题设计差异，2009 年后的调查和 1989 年的调查没有本章研究需要的受访者健康信息，因此本章的数据包含了 1991 ~2006 年的 6 次调查数据。

CHNS 调查收集了受访者的工作、收入、健康和医疗等重要信息。根据本章的研究目的，我们选取其中的家庭人均收入数据和自评健康数据。其中，自评健康是受访者对自身健康的主观评价，问卷中的问题是“与同龄人相比，你觉得自己的健康状况怎么样?”受访者可以回答“非常好”（“很好”）“好”“一般”和“差”。由于收入和健康是本章主要关注的两个变量，我们删除了家庭人均收入信息缺失或人均收入为负或自评健康信息缺失的观测值。另外，按照通常的研究方法，本章考查的是成年人的收入与健康分布，故剔除了年龄小于 18 岁的个体。

表 3 - 1 是各年收入与健康的分布状况。自评健康很好的居民占总样本的比例在各年份间变化不大，基本上维持在 12% ~15% 的水平。自评健康好的居民在总样本中所占的比例有逐年下降的趋势，1997 年以前，大约有 62% 的居民自评健康好，此后的各年里，该比例一直保持在 50% 以下。自评健康一般和自评健康差的居民在样本中的比例都有上升趋势，自评健康一般的居民占比从 1991 年的 22.1% 上升到 2006 年的 33.6%，自评健康差的居民也由最初的 4.2% 上升到 7.6%。不同健康类别居民的平均收入有较大差异。大部分年份里，自评健康很好的居民的平均收入最高，各类自评健康人群的平均收入随着健康状况的下降呈现出下降趋势，这说明居民收入与健康存在相关关系，这也与解垩（2009）和齐良书和李子奈（2011）等关于我国居民与收入相关的健康不平等研究结论一致。表 3 - 1 的最后一列报告了自评健康为

① 数据中心网站：http：//www. cpc. unc. edu/projects/china/。

表 3-1　各年收入与健康的分布状况

年份	样本量	自评健康：很好		自评健康：好		自评健康：一般		自评健康：差		第7列－第9列
		平均收入(元)	占比(%)	平均收入(元)	占比(%)	平均收入(元)	占比(%)	平均收入(元)	占比(%)	
1991	10101	2817.3 (2032.8)	12.5	2849.3 (1983.6)	61.2	2646.3 (2196.3)	22.1	2573.1 (1936.2)	4.2	73.2 (114.3)
1993	9695	3725.4 (3517.1)	12.4	3182.4 (2612.6)	62.7	3065.9 (2627.8)	20.8	2653.0 (2538.1)	4.0	412.9*** (144.7)
1997	10286	4374.6 (3079.7)	13.9	4099.8 (3524.8)	60.6	3757.5 (3095.7)	21.4	3345.9 (3091.9)	4.1	411.6** (164.1)
2000	9221	5484.2 (5201.9)	14.9	5341.6 (5471.2)	49.9	5027.5 (5016.9)	29.6	4534.7 (6225.5)	5.6	492.8** (249.5)
2004	9597	7422.1 (6594.4)	14.1	7201.1 (7642.7)	45.5	6667.9 (6910.8)	33.1	5785.7 (6546.6)	7.3	882.2*** (284.0)
2006	9418	10000.1 (11071.9)	12.2	8356.2 (11072.9)	46.6	7756.1 (11648.8)	33.6	5659.1 (6843.9)	7.6	2097*** (448.1)

注：括号内为标准误；收入为价格调整后的值；*、**、*** 分别表示在10%、5%、1%的水平上显著（下表同）。

“一般”和自评健康为“差”的两类居民的平均收入差距及显著性。除了 1991 年的收入差距不显著外，其余各年的平均收入差距均十分显著，且有逐年上升的趋势。自评健康为“差”和自评健康为“好”和“很好”的居民之间的平均收入差距更大。表 3 - 1 的结果说明收入和健康并不是两个独立的变量，如果从两个变量各自的边际分布讨论不平等问题有失全面性。

3.3.2　福利增长与不平等的图形分析

表 3 - 1 是收入和健康联合分布的一个粗略描述。为了更全面地刻画这二者的分布情况，我们先根据式（3 - 12）绘制收入与健康的分布图。本章中的居民健康被分为四个类别（见表 3 - 1），即 $K=4$。各类居民在每一年中占总样本的比例 ϕ_k 也已经反映在表 3 - 1 中。

图 3 - 1 是 1991 年和 1993 年的收入与健康分布情况。按照式(3 - 12)的一阶占优条件，我们首先考查健康水平最差的居民（自评健康为“差”，即 $k=1$）的收入分布变化。在自评健康为“差”且较低的收入水平上，1993 年的收入分布位于 1991 年之上。根据式（3 - 12）可知，1993 年的分布一阶占优于 1991 年的分布的条件不满足，健康最差且收入较低的居民的福利状况没有得到改善。但是当收入水平在 2500 元以上时，1993 年的收入分布位于 1991 年之下，这说明收入水平稍高的居民的福利状况有所改善。当同时考查自评健康为“差”和自评健康为“一般”这两类居民（$k=1,\ 2$）的收入分布变化时，两年的分布在低收入水平上差异不明显，在高收入水平上，1993 年的分布明显位于 1991 年之下。当考查前三类健康水平的居民（$k=1,\ 2,\ 3$）或所有居民（$k=1,\ 2,\ 3,\ 4$）的收入分布时，只有收入水平在 5000 ~ 10000 元时，两个分布才存在明显的差异，其余部分的分布差异并不明显。总体看来，从 1991 ~ 1993 年，健康水平差且收入水平低的居民的福利状况没有改善，而其他居民的福利状

况略有改善。

用其余5年数据构造的4组分布图与图3-1有较大的差异。图3-2是1993年与1997年的各类健康人群的收入分布情况。从图3-2可以看出，1997年的分布基本上位于1993年的下方，尤其是低收入且健康状况较差的居民收入分布明显低于1993年的分布。这说明1993年和1997年，低收入水平并且健康状况较差的居民福利有所改善。总体上看，1997年的分布要优于1993的分布（但是一阶占优条件不满足）。然而，这种好的趋势并没有持续下去，后面几年的分布变化更应该引起注意。图3-3是1997年和2000年的分布变化。图3-3的上半部分显示2000年的分布明显高于1997年的分布，这说明健康水平差和健康水平一般的两类居民的福利状况明显恶化了。而包含将健康水平为好和很好的两类居民的分布（图3-3的下半部分）却表明2000年的分布位于1997年之下。这说明健康水平为好和很好的居民福利状况改善了，并且这部分居民的福利改善稀释了健康状况不好的居民的福利恶化作用，使得总分布优于1997年。分析2000年和2004年的分布变化时（图3-4），我们可以发现与图3-3十分相似的现象。与2000年相比，自评健康不好的居民的福利状况在2004年有所恶化，但是自评健康为好和很好的居民的福利状况却有所改善，这种改善同样稀释了其余居民的福利状况恶化作用，使得总分布略优于2000年。2006年的分布与2004年的分布（图3-5）变化虽然不明显，但是我们仍可以从图形上观察到健康水平较差的居民福利状况恶化了。这些结果表明，1997年以后，健康水平较差的居民福利状况一直在不断恶化，而健康水平较好的居民的福利状况却在改善，综合的结果是，不同健康状况的居民之间的福利不平等越来越严重。这与我国的医改政策变化是相符的。1998年以后，上一轮医改工作全面展开，随后“看病难、看病贵”问题逐渐凸显，到2005年，上一轮医改最终以“总体上不成功”而结束。“看病难、看病贵”影响的主体是低收入阶层，而且这种影响往往导致“低收入-健康状况较差-低收入”的恶性循环。这种恶性的循环效应必然为导致不同健康状况居民的福利不平等不断加剧。由于收入分布中包含居民的收入信息，忽略居民健康的差异，所以收入不平等并不能真正反映居民的福利不平等。

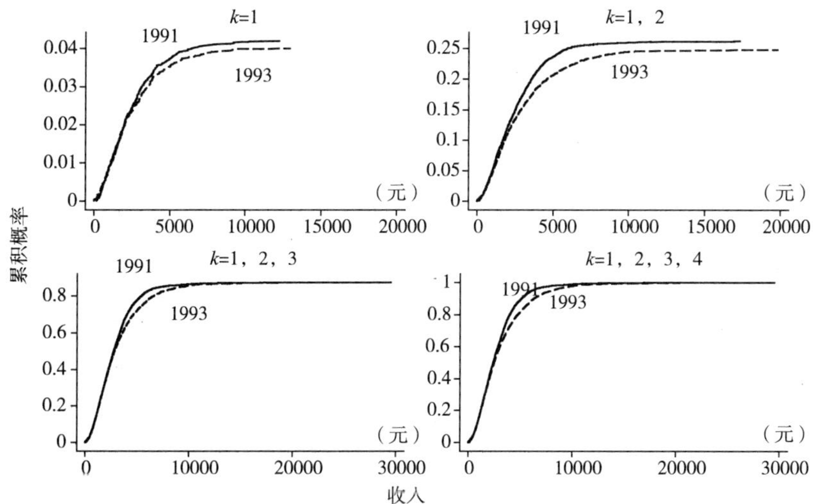

图 3－1　1991 年和 1993 年的收入与健康分布

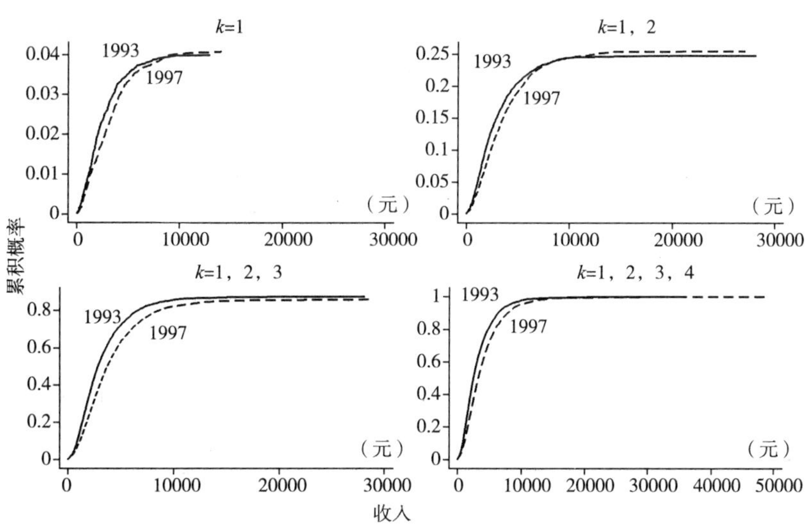

图 3－2　1993 年和 1997 年的收入与健康分布

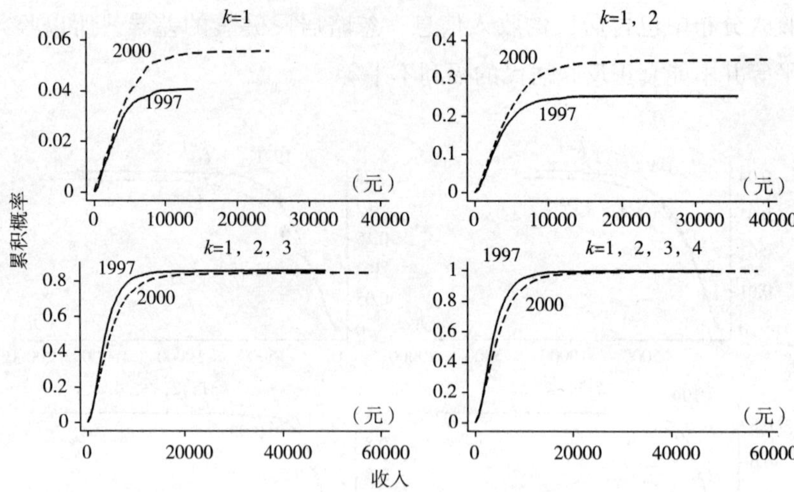

图 3-3　1997 年和 2000 年的收入与健康分布

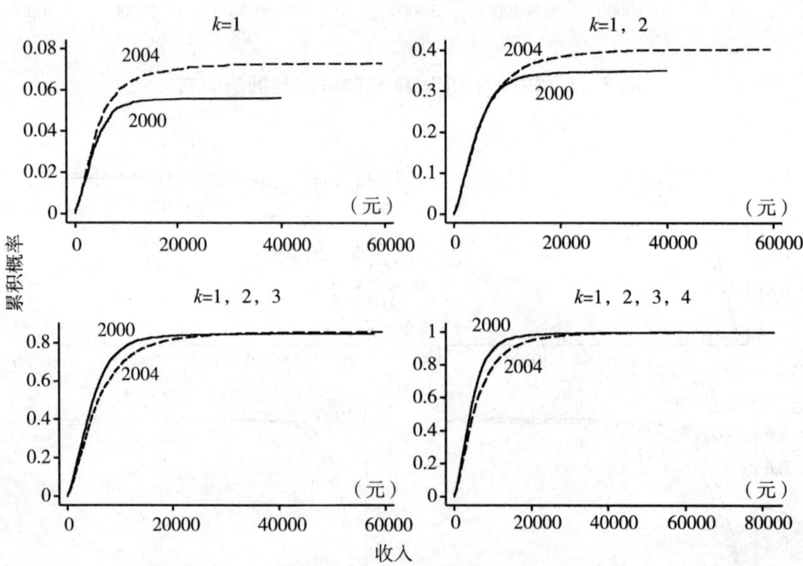

图 3-4　2000 年和 2004 年的收入与健康分布

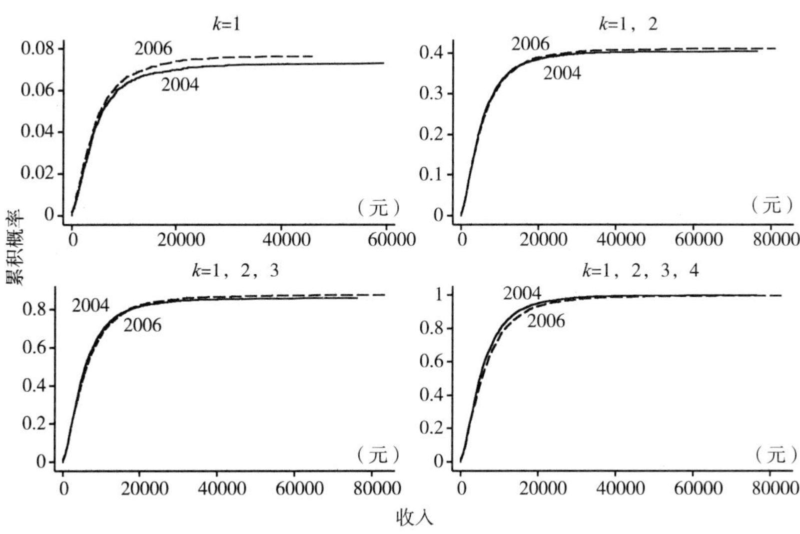

图 3－5　2004 年和 2006 年的收入与健康分布

3.3.3　福利增长与不平等的随机占优检验

上面的分析说明福利不平等在加剧，但福利不平等加剧并不意味着总的社会福利水平下降（或上升）。总福利水平是不平等的减函数，同时也是平均收入水平和平均健康水平的增函数。接下来，笔者探讨居民福利水平的变化情况，比较收入分布反映的福利变化和收入与健康联合分布反映的福利变化之间的差异。

分析福利水平变化情况，需要进一步检验一阶福利占优条件和二阶福利占优条件是否成立。一阶占优条件相对简单，从上面的图形可以看出，各年间的分布基本上不满足一阶占优条件，因为所有年份间的分布都出现了交叉的情况。这主要是因为一阶占优的条件过于严格，现实的收入与健康的联合分布难以满足这一严格要求。假定效用函数满足式（3－11）可以减弱分布的占优条件，边际效用递减同时也是一个非常合理的假定。然而，二阶占优条件成立与否很难从图形上观察出来。为此，我们用数值的方法将其呈现出来。同样，为了分析的严谨性，笔者用数值的方法重新呈现一次一阶占优的结果①。当然，用数值方法检验一阶占优条件和二阶占优条件成立并不容易，因为式（3-12）和式（3-13）要求对任意的健康类别和任意的收入水平都成立，由于收入是连续变量，对每一点进行检验不太可能。但是，笔者可以用数值方法证明占优条件不成立，只要能找到一个健康类别和一个收入水平使得式（3-12）和式（3-13）不成立，就可以否定式（3-12）和式（3-13）。为此，笔者对每组收入的19个百分位点进行检验，并用自抽样方法（bootstrap）计算其标准误。

表3-2是一阶占优条件的检验结果。Panel A表明，在健康状况最差（$k=1$）且收入在10%分位点上时，式（3-12）显著为正，这说明1993年的收入与健康联合分布不是一阶占优于1991年的分布。虽然图3-2表明了1997年分布并不是一阶占优于1993年的分布，但Panel B的结果均显著为负。这是因为1997年的分布仅在家庭人均收入万元以上的部分高于1993年（图3-2），而人均收入过万的样本仅占1997年总样本的4%，所以家庭人均收入过万的样本没有包含在我们的检验范围内。Panel C-Panel E的第一行（$k=1$）基本上都显著为正，第二行（$k=1, 2$）在某些分位点上显著为正，而第三行和第四行均显著为负。因此，1997年以后，后一年的分布都不是一阶占优于前一年的分布。特别需要注意的是，表3-2也说明，前一年的分布也没有一阶占优于后一年的分布。

表3-2　一阶随机占优检验

收入分位点	Q1	Q2	Q3	Q5	Q7	Q8	Q9
Panel A：1991～1993年							
k=1	0.0003** (0.0001)	-0.0006*** (0.0001)	0.0001 (0.0001)	-0.0004*** (0.0001)	-0.0021*** (0.0001)	-0.0019*** (0.0001)	-0.0020*** (0.0001)
k=1，2	-0.0033*** (0.0002)	-0.0074*** (0.0001)	-0.0071*** (0.0001)	-0.0126*** (0.0001)	-0.0243*** (0.0001)	-0.0274*** (0.0001)	-0.0296*** (0.0001)

① 感兴趣的读者可以向作者索取本书的所有估计程序。

续表

收入分位点	Q1	Q2	Q3	Q5	Q7	Q8	Q9
Panel A：1991～1993年							
k=1，2，3	-0.0063*** (0.0002)	-0.0017*** (0.0002)	-0.0011*** (0.0002)	-0.0072*** (0.0001)	-0.0350*** (0.0002)	-0.0526*** (0.0002)	-0.0556*** (0.0002)
k=1，2，3，4	-0.0038*** (0.0002)	-0.0005*** (0.0002)	-0.0062*** (0.0002)	-0.0183*** (0.0002)	-0.0518*** (0.0002)	-0.0722*** (0.0002)	-0.0749*** (0.0002)
N	19796	19796	19796	19796	19796	19796	19796
Panel B：1993～1997年							
k=1	-0.0012*** (0.0002)	-0.0011*** (0.0001)	-0.0035*** (0.0001)	-0.0050*** (0.0001)	-0.0042*** (0.0001)	-0.0019*** (0.0001)	-0.0010*** (0.0001)
k=1，2	-0.0065*** (0.0001)	-0.0176*** (0.0001)	-0.0238*** (0.0001)	-0.0280*** (0.0001)	-0.0212*** (0.0002)	-0.0156*** (0.0001)	-0.0042*** (0.0001)
k=1，2，3	-0.0224*** (0.0002)	-0.0632*** (0.0002)	-0.0840*** (0.0002)	-0.1251*** (0.0002)	-0.1147*** (0.0002)	-0.0959*** (0.0002)	-0.0732*** (0.0001)
k=1，2，3，4	-0.0278*** (0.0002)	-0.0712*** (0.0002)	-0.0951*** (0.0003)	-0.1345*** (0.0002)	-0.1221*** (0.0002)	-0.0955*** (0.0002)	-0.0713*** (0.0001)
N	19981	19981	19981	19981	19981	19981	19981
Panel C：1997～2000年							
k=1	0.0013*** (0.0001)	0.0018*** (0.0001)	0.0020*** (0.0001)	0.0043*** (0.0001)	0.0048*** (0.0001)	0.0070*** (0.0001)	0.0117*** (0.0001)
k=1，2	0.0092*** (0.0001)	0.0108*** (0.0002)	0.0084*** (0.0001)	0.0128*** (0.0002)	0.0277*** (0.0001)	0.0375*** (0.0001)	0.0585*** (0.0001)
k=1，2，3	0.0057*** (0.0002)	-0.0172*** (0.0001)	-0.0502*** (0.0002)	-0.0963*** (0.0002)	-0.1097*** (0.0001)	-0.1033*** (0.0002)	-0.0830*** (0.0002)
k=1，2，3，4	0.0106*** (0.0001)	-0.0170*** (0.0002)	-0.0529*** (0.0002)	-0.1030*** (0.0002)	-0.1176*** (0.0001)	-0.1105*** (0.0002)	-0.0844*** (0.0002)
N	19507	19507	19507	19507	19507	19507	19507
Panel D：2000～2004年							
k=1	0.0002 (0.0001)	0.0015*** (0.0001)	0.0031*** (0.0001)	0.0044*** (0.0001)	0.0074*** (0.0001)	0.0067*** (0.0001)	0.0104*** (0.0001)

续表

收入分位点	Q1	Q2	Q3	Q5	Q7	Q8	Q9
Panel D：2000～2004 年							
k=1，2	-0.0003* (0.0002)	-0.0014*** (0.0002)	-0.0044*** (0.0001)	-0.0058*** (0.0001)	-0.0007*** (0.0001)	-0.0033*** (0.0001)	0.0116*** (0.0001)
k=1，2，3	-0.0140*** (0.0002)	-0.0275*** (0.0002)	-0.0406*** (0.0002)	-0.0615*** (0.0002)	-0.0806*** (0.0002)	-0.0930*** (0.0002)	-0.0751*** (0.0001)
k=1，2，3，4	-0.0179*** (0.0002)	-0.0328*** (0.0002)	-0.0500*** (0.0002)	-0.0804*** (0.0002)	-0.1062*** (0.0002)	-0.1240*** (0.0002)	-0.1015*** (0.0001)
N	18800	18800	18800	18800	18800	18800	18800
Panel E：2004～2006 年							
k=1	0.0019*** (0.0001)	0.0026*** (0.0001)	0.0035*** (0.0001)	0.0023*** (0.0001)	0.0028*** (0.0001)	0.0029*** (0.0001)	0.0031*** (0.0001)
k=1，2	0.0005*** (0.0001)	-0.0022*** (0.0001)	0.0037*** (0.0002)	-0.0060*** (0.0001)	-0.0015*** (0.0001)	-0.0030*** (0.0002)	-0.0005*** (0.0001)
k=1，2，3	-0.0043*** (0.0001)	-0.0086*** (0.0001)	0.0004*** (0.0001)	-0.0262*** (0.0001)	-0.0150*** (0.0001)	-0.0134*** (0.0002)	-0.0070*** (0.0002)
k=1，2，3，4	-0.0089*** (0.0002)	-0.0179*** (0.0001)	-0.0093*** (0.0001)	-0.0501*** (0.0001)	-0.0379*** (0.0002)	-0.0377*** (0.0002)	-0.0334*** (0.0002)
N	18997	18997	18997	18997	18997	18997	18997

注：我们共检验了 5%、10%、15%…95% 这 19 个收入分位点。表中只报告了其中的 1、2、3、5、7、8、9 这 7 个分位点的结果，其余各点的检验不影响本章的结论，故在表中未报告。标准误的估计按年份和城乡分层自抽样 250 次。

表 3－3 是二阶随机占优的检验结果。Panel A 是 1991 年和 1993 年的估计结果，在收入水平较低时，式（3－13）的估计结果基本上为正，而在较高的收入水平上，式（3－13）基本显著为负。这说明 1991 年至 1993 年间的二阶占优条件不满足。Panel B 表明所有位置上的估计结果均为负值，且大部分结果是显著的。这与表 3－2 和图 3－2 结果是一致的，也进一步证实了 1997 年的分布在大部分位置上要优于 1993 年的分布。Panel C-Panel E 说明，在居民的健康状况较差时，式（3－13）基本上显著为正，而当居民的健康状况较好时，式（3－13）基本上显著为负。这都说明二阶占优条件不成立。同理，我们需要注意，表

3－3也表明前一年的分布没有二阶占优于后一年的分布。

上述占优条件检验说明什么问题呢？根据命题一和命题二可知，一阶（或二阶）占优条件不成立说明，并不是所有满足式（3－9）～式（3－10）［或式（3－9）～式（3－11）］的效用函数，我们都可以认定后一年的社会福利水平高于前一年。同理，对于上述形式的效用函数，我们也无法断定社会福利水平恶化了。这是占优分析自身固有的缺点，即一旦占优条件不成立，我们就无法对社会福利水平变化做出判断，因为即便是相同属性的社会福利函数［如式（3－9）～式（3－11）］，也可能会得出截然不同的结论。但是，对本章而言，我们仍然可以从上述检验结果中发现一些有意义的结论。我们现在将焦点集中在 $k=1$，2，3，4 这一情形上，这是所有居民的收入分布情况，这意味着我们仅考查居民的收入分布，而忽略居民健康的异质性。这时的一阶和二阶占优条件退化为收入分布的一阶和二阶占优条件（而不是收入和健康联合分布的占优条件）①，效用函数退化成关于收入的单调增凹函数。从图3－1至图3－5右下角的子图看，各年份间收入分布的一阶和二阶占优条件似乎都成立。更精确的结果可以从占优条件的数值检验中得到。从表3－2和表3－3中每组的第4行（$k=1$，2，3，4）结果看，1991～1993年、1993～1997年、2000～2004年和2004～2006年的收入分布都没有拒绝一阶占优条件；1993～1997年、2000～2004年和2004～2006年的收入分布也都没有拒绝二阶占优条件。这说明，如果我们按照传统的方法以收入水平衡量居民的福利水平，我们会发现，在1991～2006年这15年的时间内，居民的总福利水平在大部分时段内有所上升。这与我们用收入和健康联合分布得到的结论大相径庭。之所以出现如此大的差异，原因在于收入分布。

① 关于一维情况下的一阶占优和二阶占优条件，有兴趣的读者可以参考阿特金森（1970）。

表 3-3　二阶随机占优检验

收入分位点	Q1	Q2	Q3	Q5	Q7	Q8	Q9
Panel A：1991 ~ 1993 年							
k = 1	0.5545 (0.3735)	0.5193 (0.8840)	0.2582 (1.4503)	-0.1443 (2.6012)	-1.7446 (4.8057)	-2.8353 (6.1666)	-5.0638 (8.6314)
k = 1，2	0.3870 (0.9350)	-1.3493 (2.0064)	-4.9563 (3.1301)	-13.455** (5.9860)	-31.799*** (9.4916)	-47.944*** (13.271)	-81.580*** (17.189)
k = 1，2，3	1.0651 (1.4998)	0.0369 (3.0158)	-1.4817 (4.7907)	-5.9611 (8.6185)	-23.423* (13.404)	-52.459*** (16.654)	-115.20*** (20.857)
k = 1，2，3，4	1.7370 (1.6044)	1.2905 (3.1992)	-1.6875 (4.8921)	-13.076 (8.6757)	-42.915*** (13.295)	-83.413*** (16.016)	-168.22*** (19.901)
N	19796	19796	19796	19796	19796	19796	19796
Panel B：1993 ~ 1997 年							
k = 1	-0.6698 (0.4211)	-1.3327 (0.8274)	-2.2910 (1.3945)	-6.5104** (2.6072)	-12.583** (5.4007)	-15.650** (7.4865)	-18.025 (11.496)
k = 1，2	-3.3366*** (0.9833)	-8.5754*** (1.8745)	-17.058*** (3.1134)	-39.963*** (5.5314)	-70.963*** (11.462)	-89.216*** (16.203)	-103.97*** (25.501)
k = 1，2，3	-7.0500*** (1.5364)	-24.658*** (2.6893)	-55.920*** (4.5126)	-147.83*** (8.3195)	-304.33*** (15.458)	-412.04*** (20.155)	-539.14*** (27.910)
k = 1，2，3，4	-8.3119*** (1.6196)	-28.857*** (2.9894)	-64.304*** (4.7466)	-165.26*** (8.9810)	-333.37*** (15.562)	-444.80*** (19.914)	-569.52*** (25.837)
N	19981	19981	19981	19981	19981	19981	19981
Panel C：1997 ~ 2000 年							
k = 1	1.6774** (0.7567)	2.4582* (1.4395)	3.7933 (2.5715)	6.6628 (4.3336)	13.226* (7.2424)	20.187* (10.561)	37.612** (16.256)
k = 1，2	5.7084*** (1.5468)	12.446*** (2.9916)	20.025*** (5.5009)	31.381*** (9.5453)	61.710*** (16.626)	99.403*** (22.698)	189.89*** (32.994)
k = 1，2，3	7.3251*** (2.2860)	6.2364 (4.2737)	-15.655** (7.4928)	-81.673*** (12.035)	-240.01*** (20.280)	-366.65*** (26.740)	-542.27*** (37.093)
k = 1，2，3，4	9.8434*** (2.4737)	10.296** (4.6126)	-12.844 (7.8655)	-82.960*** (12.475)	-251.81*** (20.426)	-385.87*** (26.471)	-568.10*** (34.223)
N	19507	19507	19507	19507	19507	19507	19507

续表

收入分位点	Q1	Q2	Q3	Q5	Q7	Q8	Q9
Panel D：2000～2004 年							
k=1	0.3073 (0.7597)	0.8309 (1.7368)	2.8260 (2.9607)	7.2548 (6.0766)	19.057* (10.709)	29.633** (14.555)	53.104** (23.176)
k=1，2	1.3334 (1.5686)	-1.0351 (3.6367)	-2.4898 (6.0813)	-12.141 (12.502)	-16.772 (23.226)	-18.914 (30.280)	-10.988 (45.896)
k=1，2，3	-4.9618** (2.2894)	-22.507*** (4.9071)	-47.762*** (8.2301)	-132.69*** (16.856)	-275.08*** (27.744)	-403.11*** (34.712)	-641.84*** (49.659)
k=1，2，3，4	-6.1371** (2.4488)	-27.155*** (5.1946)	-57.843*** (8.7687)	-167.67*** (17.141)	-353.24*** (27.052)	-522.36*** (33.358)	-839.51*** (44.003)
N	18800	18800	18800	18800	18800	18800	18800
Panel E：2004～2006 年							
k=1	0.7728 (1.0014)	2.1745 (2.3447)	5.0475 (4.2211)	11.887 (12.313)	17.143 (17.298)	23.198 (27.729)	35.245 (41.297)
k=1，2	2.4404 (2.2069)	0.7641 (4.9453)	2.6282 (8.2560)	-10.635 (22.555)	-20.854 (35.537)	-31.275 (50.037)	-42.352 (76.442)
k=1，2，3	1.9898 (2.7090)	-4.4522 (6.2860)	-4.9112 (10.720)	-65.911** (28.095)	-113.67*** (39.083)	-156.88*** (53.731)	-206.80*** (77.352)
k=1，2，3，4	-1.2313 (2.9571)	-13.508** (6.4537)	-23.811** (11.157)	-137.02*** (27.630)	-235.56*** (38.907)	-338.25*** (49.683)	-493.99*** (65.843)
N	18997	18997	18997	18997	18997	18997	18997

忽略了居民健康的异质性。由于相同的收入对不同健康状况的居民而言其经济作用和带来的经济福利是不同的，所以忽略居民健康异质性讨论收入水平、收入分配和收入不平等问题存在较大的缺陷。

3.4　本章小结

评价社会福利水平的变化是研究者和政策制定者最为关注的问题之一。在传统的研究中，研究者们假定居民非货币的特征相同，以居民的收入构建社会福利函数，将社会福利的评价简化为收入分布的评价。然而，居民的非货币特征存在很大差异，同质性假定并不合理，更为合理的方式是利用收入和非收入因素构建多维的社会福利函数。本章探讨了异质性社会中收入分布与社会福利的关系。我们以居民健康异质性为例，利用 CHNS 调查数据和随机占优分析方法实证说明了，在异质性假定下评价社会福利变化会得出与传统的研究方法截然不同的结论。我们得到的主要结论是，健康状况差且收入水平低的居民的福利水平在大部分时段内呈现出下降的趋势，而健康状况较好且收入水平高的居民的福利水平在大部分时段内都有所改善，但总体而言，社会福利水平没有明显增加；如果不考虑居民健康的异质性，仅以收入分布评价社会福利水平，则总体的社会福利水平有上升的趋势。这些结论表明，传统的研究忽略了居民健康的异质性，没有正确评价我国收入分布的变化对社会福利的影响。需要指出的是，本章的结论只能说明非货币特征的重要性，并不能说明我国社会福利的真实变化情况，因为居民的非货币特征远不止健康这一维度，还包括许多其他维度。本章的结论对于摆脱“唯 GDP 论”和实现“不以 GDP 论英雄”的政策观点有很强的借鉴意义。要摒弃唯 GDP 论英雄的传统观点，需要将居民的健康、教育、生活环境、个人活动以及政治发言权与治理等非货币维度纳入到经济和社会发展的评价体系当中。

第 4 章

多维福利不平等测度与分解——一个稳健评估

第 3 章的结果一方面向我们揭示了中国低福利增长的微观机制，另一方面也从直观上呈现出收入不平等并不能正确反映福利不平等。那么，福利不平等程度究竟如何？以及它所造成的福利损失程度如何？本章将回答这些问题。

4.1 引言

以收入或 GDP 作为福利水平的衡量标准一直受到学者们的诟病（弗勒拜伊，2009）。福利的影响因素包括多个方面，有货币因素也有非货币因素，而收入不平等并不能完全反映非货币因素不平等（斯蒂格利茨等，2010）。如何将货币和非货币因素同时用于不平等研究成为福利不平等研究的关键。拉瓦里昂（2011，2012）[①] 将既有文献中的研究方法归纳为两类：一是分别研究各种不平等，得到多个方面的不平等（multiple inequality indices），如收入不平等、健康不平等以及其他方面的不平等，避免仅用收入不平等评价社会的不平等状况；二是利

① 拉瓦里昂虽然是从多维贫困测度的角度进行论述的，但多维贫困和多维不平等在引入非货币维度的基本思想上是相同的。

用多方面的信息构造一个单一的多维不平等指标（multidimensional inequality index）。以上两种方法分别被形象地称为仪表盘法（dashboard approach）和整合法（mashup approach），这两种方法虽然都可以同时考虑货币因素和非货币因素，但二者存在较大差别。在实证运用中，整合法被视为更合理的方法，一方面，不同的不平等之间可能有相互强化的作用（斯蒂格利茨等，2010），将各种不平等割裂开来研究不能反映不同不平等之间的相互强化作用①；另一方面，仪表盘法的可操作性随着维度的增加而减弱（马苏米和雅伦茨基，2013），因而不适合实证研究。第2章的分析还指出，在整合法下仍然有两类测度方法：一是实证测度；二是规范测度，二者的主要区别在于前者没有利用社会福利函数而后者是建立在社会福利函数的规范分析基础之上的。由于本章还要探讨多维不平等导致的福利损失问题，所以本章将使用规范测度方法。

在探讨我国的福利不平等问题之前，我们首先用两个客观事实证明传统不平等研究存在不足之处，然后说明本章的福利不平等研究框架，最后实证分析我国的福利不平等状况，并探讨非货币因素和货币因素在我国居民福利不平等中的扮演的角色。本章关注的非货币因素是健康和教育，货币因素是居民的收入，这三个维度虽然不能完全决定居民的福利水平，但是居民福利水平的三个最主要影响因素②，也是

---

① 严格来说，其背后的理论基础是多维情形下的庇古－道尔顿转移原则（科尔姆，1977；简井，1999），我们可以举一个简单的例子说明其含义。假设第一个社会有甲、乙和丙三人，他们的收入水平和健康水平分别为（1，2，3）和（1，2，3）；第二个社会有A，B和C三人，他们的收入和健康水平分别为（1，2，3）和（3，2，1）。显然，这两个社会的收入基尼系数和健康基尼系数均为0.222，因此第一种方法会认为两个社会的不平等状况相同。但直觉告诉我们，第二个社会的福利分布更平均，因为在第一个社会中，越富有的人健康状况越好，越穷的人健康状况越差，收入不平等和健康不平等相互强化，使得福利不平等更严重。

② 斯蒂格利茨等.（2010）在经济发展和社会进步测量委员会（Commission on the Measurement of Economic Performance and Social Progress）发布的报告中将居民福祉的影响因素分为：1）收入；2）健康；3）教育；4）个人活动；5）政治发言权与治理；6）社会关系；7）环境状况；8）生命财产的安全状况。本书将集中分析前三类福祉影响因素，一方面，这三个因素是当前多维福利研究中最常用的因素；另一方面，基于数据的可获得性。当然，我们的研究方法适用于更多因素的研究。

构建人类发展指数的三个因素。我们利用1991～2006年的中国家庭营养健康调查数据（CHNS），对我国居民的收入、健康和教育三维不平等进行实证研究。实证结果表明，20世纪90年代初期，教育不平等和收入不平等是导致我国居民福利不平等的主要因素，但随着收入不平等的加剧和教育不平等的改善，收入不平等对福利不平等的作用逐渐扩大；健康不平等对福利不平等的影响虽然小于前两者但呈现出上升的趋势；由于收入、健康和教育三者具有正相关性，收入高的居民往往健康状况更好，受教育水平也更高，这种相关性加剧了我国居民的福利不平等程度，且三者的相关性对福利不平等的影响有上升的趋势。从福利不平等的变化趋势上看，我国总体居民的福利不平等呈上升趋势，但增幅小于同期收入不平等的增幅，福利不平等从1991年的0.228上升到2006年的0.297，增幅为30%，对应的收入不平等增幅为73%。

4.2　两个典型事实

改革开放以来，中国经济保持高速增长，在这过程中，各种社会矛盾逐渐涌现，主要体现为：收入差距不断扩大（万广华，1998；陈宗胜和周云波，2002；程永宏，2007；李实和罗楚亮，2011）、健康不平等不断加剧（解垩，2009；齐良书和李子奈，2011）、社会各界对教育不平等的呼声越来越高（李煜，2006；刘精明，2008）。然而，既有的研究遗漏了两个典型事实：一是不同不平等之间并不是完全相关的，任何单一维度的不平等都无法完全反映其他维度的不平等状况，如收入不平等并不能完全反映健康不平等；二是不同不平等之间并不是完全独立的，各个不平等之间可能存在相互强化的作用，如收入可能与健康正相关，进一步强化福利不平等程度。正是以上两个典型特征决定了传统的研究方式无法全面反映社会的福利不平等状况。

笔者根据中国家庭营养健康调查（CHNS）1991~2006年的数据估算了我国总体的收入基尼系数、健康基尼系数和教育基尼系数。收入基尼系数是根据家庭人均收入计算得到的；教育基尼系数用所有成人的受教育年限计算，由于受教育年限是离散值，笔者在计算时根据托马斯等（2000）提出的方法对传统的基尼数计算公式进行了调整[①]；健康基尼系数用所有成人的自评健康计算，自评健康也是离散数值，故采用教育基尼系数的计算方法。这三种基尼系数在大小上有较大差异，健康基尼系数最小，收入的基尼系数最大。为了清楚地观察这三种基尼系数的变化趋势，笔者以1991年的基尼系数为1对这三个基尼系数进行标准化。图4-1表明，收入不平等总体上呈上升趋势，尤其是在1997年之后，随着城市市场经济的迅速发展以及城市经济发展对农村的渗透作用，中国总体收入差距持续扩大；健康不平等总体上也表现出上升趋势，这应该与我国从20世纪80年代开始的医疗服务市场化和商业化改革有关，上一轮医改从1997年扩大试点范围到2000年全面展开与图4-1的结果大致相符；在这段时间内，我国的教育不平等总

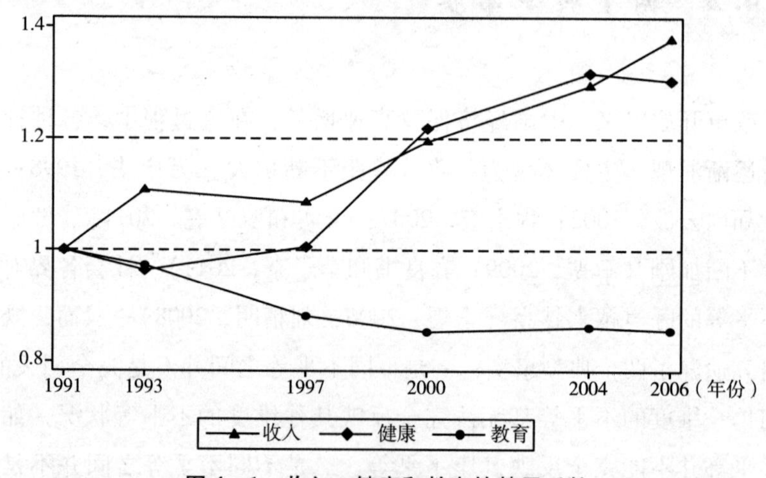

图4-1　收入、健康和教育的基尼系数

① 这种计算方法是对传统基尼系数计算的推广，当所有人的受教育水平都不相同时，该公式退化为传统的基尼系数。

体上呈下降趋势，教育不平等的下降主要发生在 1993 ~ 2000 年这段时间，这主要与 20 世纪 80 年代中期以后，我国的基础教育和高等教育机会供给大幅提升有关，2000 年以后，我国的教育不平等程度保持相对稳定的水平（教育基尼系数保持在 0.33 左右）。总而言之，在 1991 ~ 2006 年这 15 年时间里，我国的收入不平等、健康不平等和教育不平等各自表现出不同的变化趋势，任何单维度的不平等变化都无法涵盖其他维度的不平等变化。

另一个影响居民福利不平等的关键因素是，收入、健康和教育三者之间的相关性（即三者之间不是独立的）。图 4 – 2 是收入、健康和教育这三个要素在各年内两两之间的相关系数统计结果。收入、健康和教育两两之间都是正相关的，且收入与教育的相关性最大，收入与健康的相关性最小。从各个相关系数的变化趋势上看，收入与教育的相关系数存在明显的上升趋势。一方面，改革开放以后我国的教育回报率逐渐上升（李实和丁赛，2003；钟甫宁和刘华，2007），受教育程度高的人往往有较高的收入水平；另一方面，随着我国教育体制改革不断深化，家庭收入对教育投资的影响越来越重要（刘精明，2008），高收入的人往往可能有较高的教育水平。教育与健康的相关系数比收

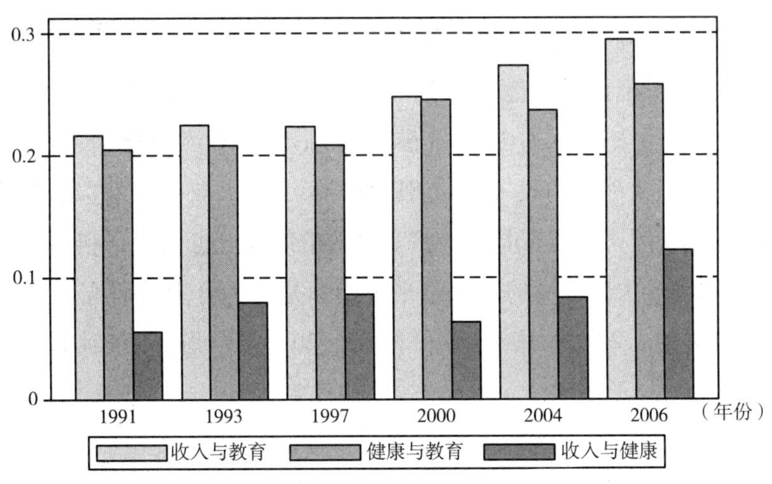

图 4 – 2　收入、健康和教育的相关系数

入与教育的相关系数略小，同样呈现出上升趋势。收入与健康的相关系数最小，总体上呈现出上升趋势，这与齐良书和李子奈（2011）对我国总体与收入相关的健康不平等的估计结果是一致的①。

图4-1和图4-2反映了我国居民的收入不平等、健康不平等和教育不平等的两个典型特征事实。这些事实虽然在过往的研究中都有所讨论，但既有的研究并没有把这些事实纳入到统一的分析框架，因此无法对福利不平等状况做出全面判断。首先，我们无法根据图4-1中的信息对我国居民的福利不平等状况做出正确的判断。一方面，收入不平等和健康不平等加剧会恶化福利不平等状况；另一方面，教育不平等下降会缓解福利不平等状况。上述两种效应的作用相反，它们对我国居民福利不平等的最终影响如何，传统相互割裂的研究方法无法给出正确的答案。其次，即便收入平等、教育不平等和健康不平等的变化趋势相同，传统的研究也难以正确反映福利不平等状况，因为图4-2表明各个维度的不平等有相互加强的作用。例如，在一个社会中，收入高的人其健康状况可能更好，也有可能收入高的人其健康状况比较差，虽然这两种情况下的收入不平等和健康不平等可以相同，但福利不平等却会大相径庭。

要正确刻画一个社会的福利不平等，必须建立一个统一的分析构架，这一分析框架既要包含图4-1中的信息也要包含图4-2中的信息。万广华（2008）曾指出，最为合理的不平等问题研究方法是"……将非收入因素与收入一并用以分析不平等并获得多维空间上的一个单一值指标"。当然，福利经济学最前沿的观点也认为，利用影响福利的不同因素构建单一的总量不平等指标是更为合理的研究方式（斯蒂格利茨等，2010；德坎库和鲁戈，2012；马苏米和雅伦茨基，2013）。

① 虽然收入与健康的相关系数和与收入相关的健康不平等［通常用健康集中系数（Health Concentration Index）度量］不是同一个概念，但二者之间有正相关关系。

4.3 国内外经验证据与不足

在第2章中，笔者已经对多维福利不平等的几种测度方法进行了介绍。故此处仅介绍既有的多维福利不平等经验研究文献，以便于与本章的经验结果相互参照。

近些年来，多维不平等理论的实证研究逐渐成为福利经济学的一个热点领域。德坎库和乌格（2010）利用1980~2008年世界发展指标（World Development Indicators）数据库中的人均GDP、人均寿命和人均教育水平数据，计算了111个国家和地区的收入、健康和教育的崔氏指数，分析了国家层面上的三维度不平等问题。他们发现，当人均GDP和人均寿命的权重较大时，无论选取何种不平等厌恶系数，多维不平等都在恶化，但是当教育水平的权重较大时，在不同的不平等厌恶系数设定下都可以发现多维不平等状况在改善。近期的多维不平等实证分析则更多地集中于利用个人或家庭层面的微观数据进行研究。钟（2009）利用崔氏指数分析了我国居民与收入相关的健康不平等。布雷希罗特等（2012）用实验数据研究发现，考虑收入和健康（预期寿命）两个维度的不平等时，健康集中系数的下降并不一定会增加总的福利水平，这意味着单维度的分析存在一定的缺陷。贾斯蒂诺（2012）利用马苏米（1988）提出的指数考查越南的消费支出、健康和教育的边际分布和联合分布的不平等发现，从边际分布的不平等上看，消费支出的不平等程度在增加，而健康和教育的不平等程度下降，因此联合分布的不平等程度取决于三者的权重。德坎库和鲁戈（2012）利用两种不同多维基尼系数分析了我国消费支出、健康、住房质量和教育的不平等状况，这两类多维基尼系数的区别在于对不同维度之间相关性的敏感程度不同。他们的结果表明，两种基尼系数给出了不同的结论，但都反映出联合不平等下降的趋势。

另一类实证研究文献是利用多元占优分析方法考查多维不平等和福利变化问题，这与上一章的讨论相似。杜克洛等（2011）利用随机占优方法分析了印度居民的健康（用血红素浓度度量）和家庭资产的联合不平等情况；艾伯格等（2011）使用随机占优方法分析了挪威的长期机会不平等问题；杜克洛和艾彻温（2011）借助随机占优分析方法比较了美国和加拿大的收入与健康的联合分布情况；穆勒和特拉努瓦（2011）用172个国家的人均GDP、居民的生命预期和教育水平三个指标构建福利函数，分析了国家层面上的多维福利不平等情况。

福利多维性同样引起国内不少学者的关注，以福利多维性为基础的文献主要集中于我国多维贫困的研究（王小林和艾克雷，2009；邹薇和方迎风，2012；郭建宇和吴国宝，2012）；既有的文献都强调了福利多维性的重要性，并对福利多维性的应用做了有益的探讨。但是既有的相关研究在以下几个方面仍然可以改进：多维贫困的研究只关注部分人群（穷人）的福利剥夺情况，而不能反映全部人群的福利分布情况；关于我国多维不平等的研究较少，学者仅从收入不平等、与收入相关的健康不平等等角度进行割裂的研究，且收入、健康和教育是三个相关性较高的因素，遗漏教育难以全面刻画福利分布；崔氏指数的大小受不平等厌恶系数和各维度权重设置的影响，不同的不平等厌恶系数和权重设置方式得到的结果可能有较大差异（德坎库和乌格，2010；德坎库和鲁戈，2013），为了得到稳健的结果应尽可能用考虑不同的参数设定或用其他指数进行稳健性检验。鉴于此，本章考查了我国的收入、健康和教育的三维不平等，并估算了多种（10万余种）参数设置下的崔氏指数，为了进一步得到比较稳健的结果，我们还估计了收入、健康和教育的三维基尼系数。

4.4 多维福利不平等测度指标

本章所用的理论工具在第2章中已经介绍过，为了简便起见，这里简单介绍一下多维不平等测度指标的构建思路和多维不平等指标的分解方法。本章的主要结果是利用崔（1995）的指标得到的（本章稳健性讨论部分会考虑其他指标）。这是因为，阿布尔·纳加和基奥法德（2006）、布兰比拉和佩鲁索（2010）发现崔氏指数具有按要素可分解的特点，这一优点便于笔者分析边际分布的不平等（在本章中对应图 4 - 1所包含的信息）和各个维度的相关性（对应本章图 4 - 2 的信息）对联合分布不平等的影响①。崔（1995）指出，满足帕累托原则、匿名原则、比例尺度无关原则、庇古—道尔顿原则和可分原则等基本性质的社会福利函数具有如下形式：

$$W(\boldsymbol{X}) = \frac{b_1}{n}\sum_{i=1}^{n}\prod_{j=1}^{k} x_{ij}^{w_j(1-\varepsilon)} \tag{4-1}$$

或

$$W(\boldsymbol{X}) = \frac{b_2}{n}\sum_{i=1}^{n}\sum_{j=1}^{k} w_j \log(x_{ij}) \tag{4-2}$$

笔者可以根据式（4 - 1）和式（4 - 2）构建多维不平等度量指标，基本思路是：寻找单值 $\Delta(X)$，使其满足下面的等式：

$$W(\Delta(\boldsymbol{X})\bar{\boldsymbol{X}}) = W(\boldsymbol{X}) \tag{4-3}$$

根据社会福利函数的基本性质可知：$0 \leqslant \Delta(\boldsymbol{X}) \leqslant 1$。由于社会福利函数是严格拟凹的，$\boldsymbol{X}$ 越不平等，其对应的社会福利水平越小，故 $\Delta(\boldsymbol{X})$ 越小，所以 $\Delta(\boldsymbol{X})$ 可以作为判断福利不平等程度的依据。人们习惯要求不平等指标的值越大其对应的不平等程度也越大，所以多维不平等指标可定义为：

$$I(\boldsymbol{X}) = 1 - \Delta(X) \tag{4-4}$$

① 库布斯（2012）对马苏米指数、简井指数和多维基尼系数这三大类多维不平等指标的可分解性进行了探讨，但他的分解忽略了各维度之间的相关性。

当社会福利函数具有式（4－1）或式（4－2）的形式时，式（4－4）对应的具体形式如下：

$$I_1^{\varepsilon}(X)=1-\Delta_1^{\varepsilon}(X)=1-\left[\frac{1}{n}\sum_{i=1}^{n}\prod_{j=1}^{k}\left(\frac{x_{ij}}{\mu_j}\right)^{w_j(1-\varepsilon)}\right]^{1/(1-\varepsilon)} \tag{4-5}$$

和

$$I_2(X)=1-\Delta_2(X)=1-\prod_{i=1}^{n}\left[\prod_{j=1}^{k}\left(\frac{x_{ij}}{\mu_j}\right)^{w_j}\right]^{1/n} \tag{4-6}$$

其中，w_j 是每种要素在社会函数中的权重，$w_j>0$，$j=1$，…，k 且 $\sum_{j=1}^{k}w_j=1\varepsilon\in(0,1)\cup(1,\infty)$ 表示不平等厌恶系数，它反映的是不平等指标对庇古－道尔顿转移的敏感程度。为了保证社会福利函数是严格拟凹的，参数 b_1 要与 $1-\varepsilon$ 同号，参数 b_2 要大于0。

以上六个社会福利函数性质都没有考虑不同要素之间的相关性对不平等的影响，事实上，这在多维不平等中是一个重要的问题。崔（1999）认为，在其他条件不变的情况下，如果多维布中的两种要素相关性增加，意味着社会福利水平的降低和不平等程度的加剧（相关性增加占优原则，Correlation Increasing Majorization，CIM）。例如，人们通常认为，所有居民应该公平地享有医疗服务，而富人享受较多的医疗服务，穷人享受更少的医疗服务（即医疗服务资源配置与收入正相关）往往是我们不愿看到的现象。如果要求社会福利函数满足相关性增加占优原则，社会福利函数必须满足式（4－1）且参数b_1和 $1-\varepsilon$ 必须小于0。由于 b_1 和 b_2 与最终的不平等度量指标无关，故下文假定 $b_1=-1$、$b_2=1$。

多维不平等指标与一维不平等指标的区别在于多维不平等指标包含联合分布的所有信息，这些信息包括边际分布信息和各维度间的相关性信息，而一维不平等指标仅能反映边际分布。根据阿布尔·纳加和基奥法德（2006）和布兰比拉和佩鲁索（2010），$\Delta_1^{\varepsilon}(X)$ 具有下面的分解形式：

$$\ln(\Delta_1^{\varepsilon}(\boldsymbol{X})) = \sum_{j=1}^{k} w_j \ln(\Delta_1^{\varepsilon}(x_{*j})) + \frac{1}{1-\varepsilon}\ln(\rho) \quad (4-7)$$

其中，x_{*j}表示$\boldsymbol{X}$的第j列，ρ反映的是各维度之间的相关性，其形式如下：

$$\rho = \frac{n^{k-1}\sum_{i=1}^{n}\prod_{j=1}^{k} x_{ij}^{w_j(1-\varepsilon)}}{\prod_{j=1}^{k}\sum_{i=1}^{n} x_{ij}^{w_j(1-\varepsilon)}} \quad (4-8)$$

$\Delta_2(\boldsymbol{X})$ 具有下面的分解形式：

$$\ln(\Delta_2(\boldsymbol{X})) = \sum_{j=1}^{k} w_j \ln(\Delta_2(x_{*j})) \quad (4-9)$$

显然，式（4－5）（下称第一类崔氏指数）与各种资源分布的相关性有关，而式（4－6）（下称第二类崔氏指数）与资源的相关性无关。为了更清楚地理解ρ对不平等指标的影响，笔者给出下面的推论①：

推论 1： 当$k=2$时，如果$x_1^{w_1(1-\varepsilon)}$与$x_2^{w_2(1-\varepsilon)}$正相关，$\ln(\rho)>0$；如果$x_1^{w_1(1-\varepsilon)}$与$x_2^{w_2(1-\varepsilon)}$负相关，$\ln(\rho)<0$。

证明：

$$\rho = \frac{\frac{1}{n}\sum_{i=1}^{n} x_{i1}^{w_1(1-\varepsilon)} x_{i2}^{w_2(1-\varepsilon)}}{\frac{1}{n}\sum_{i=1}^{n} x_{i1}^{w_1(1-\varepsilon)} \cdot \frac{1}{n}\sum_{i=1}^{n} x_{i2}^{w_2(1-\varepsilon)}}$$

$$= 1 + \frac{1}{v_1 v_2}\left[\frac{1}{n}\sum_{i=1}^{n}(x_{i1}^{w_1(1-\varepsilon)} - v_1)(x_{i2}^{w_2(1-\varepsilon)} - v_2)\right] \quad (4-10)$$

其中，$v_j = \frac{1}{n}\sum_{i=1}^{n} x_{ij}^{w_j(1-\varepsilon)}$，$j=1, 2$。方括号中的部分是$x_1^{w_1(1-\varepsilon)}$与$x_2^{w_2(1-\varepsilon)}$的协方差，当$x_1^{w_1(1-\varepsilon)}$与$x_2^{w_2(1-\varepsilon)}$负相关时，方括号中的部分为

① 在本书的初稿中，笔者还分析了收入与健康的二维不平等情况。实证结果表明$\rho>1$。

负，故 $\rho<1$；反之，$\rho>1$。

推论2：当 $k=3$ 时，如果 $x_1^{w_1(1-\varepsilon)}$、$x_2^{w_2(1-\varepsilon)}$ 与 $x_3^{w_3(1-\varepsilon)}$ 两两正相关，且任意两者的乘积与第三者正相关，则 $\ln(\rho)>0$。

推论2的证明与推论1类似。从上面的证明过程可知，当各个要素的分布相互独立时，$\ln(\rho)=0$，此时，多维不平等仅受边际分布影响。

4.5 中国多维福利不平等及其福利损失测算

4.5.1 数据和变量

本章的数据来源于“中国健康与营养调查”（CHNS）数据库。该项调查始于1989年，调查范围覆盖了我国东、中、西部的9个典型省份，每年约有4400户居民接受访问。我们目前可以获得的是前7次的调查数据，但是1989年受访者的健康信息与其余年份不匹配，故本章的数据包含了1991年至2006年的6次调查数据。

本章关注的是收入、健康和教育这三个维度的福利不平等状况。CHNS数据包含个人收入和家庭人均收入信息，本章选用人均收入作为个人货币资源的度量。个人收入与个人持有的货币资源存在差异，难以反映个人的福利水平，而家庭人均收入却能更好地反映个体的福利水平。其中的原因包括两个方面：首先，中国家庭内部成员之间的分配方式服从伦理传统而不是市场规则（程永宏，2007），家庭成员之间可能存在利他行为，进而出现货币资源在家庭内部成员之间转移；其次，即便是家庭成员之间不存在利他行为，家庭可能存在规模经济效应，每个成员的个人货币在转化为福利的过程中也可能出现正的外部性。事实上，用人均收入度量个体的货币资源也是国外研究中常见的做法（杜克洛等，2011；杜克洛和艾彻温，2011；德坎库和鲁戈，

2012；贾斯蒂诺，2012）[①]。在与本章较为相关的国内研究中，解垩（2009）与齐良书和李子奈（2011）都使用了CHNS中的家庭人均收入对我国与收入相关的健康不平等问题进行了探讨。此外，使用人均收入还可以避免样本量损失和样本选择偏误问题。CHNS调查虽然包含了个人的收入信息，但许多居民不存在个人收入，尤其是在农村，收入通常是通过以家庭为单位进行的农业生产获得的，因此农村住户的家庭收入不会记入个人收入，但却是个人消费的来源。如果仅用有个人收入的数据进行分析就会导致样本选择问题，相应的估计结果很难代表总体居民的福利分布情况。

健康变量是本章的另一个重要变量。与收入变量的选取相比，既有研究在健康变量的选取方式上更为丰富。国家层面的研究一般用人均寿命测度健康（德坎库等，2009；德坎库和乌格，2010）；个人层面的健康指标有过去四周的健康天数（贾斯蒂诺，2012）、血红素浓度（杜克洛等，2011）、自评健康的有序probit回归拟合值（德坎库和鲁戈，2012）和自评健康（杜克洛和艾彻温，2011）。在其他卫生经济领域的研究中，研究者们还会使用一些客观健康综合指数，如SF-36、Euroqol-5D、HUI和QWB等，这些指标一般都是用个人的日常活动能力、认知能力、自我照顾能力、身体疼痛和不舒服、情绪和抑郁等信息构建一个综合指数。CHNS问卷包含的健康信息量较小，各年的问卷差异较大，日常活动能力和自我照顾能力从1993年开始收集且询问对象仅为50岁以上的成人，认知能力从1997年开始收集且询问对象仅为55岁以上的成人，各年问卷都未收集情绪和抑郁信息。这些重要信息的缺失使得CHNS数据不适合构建综合的客观健康指标。自评健康信息从1991年后开始收集且适用所有成人，故本章使用自评健康度量个体的健康状况。齐良书和李子奈（2011）指出，用自评健康进行实证

① 当然，考虑到规模经济问题，国外研究者有时会用等价规模收入，但中国的家庭多为核心家庭，儿童的花费跟成年人相比，往往不相上下，甚至更高（万广华和张茵，2006），因此用人均收入更适合我国的研究。

研究有三个优点：一是与患病率伤残率等单一指标不同，自评健康是一个综合指标，能全面反映个人健康状况。二是虽然自评健康具有主观性并存在一定的测量误差①，但许多研究表明，自评健康能够有效地预测死亡率、功能丧失、因病缺勤等客观健康指标，甚至在控制了患病状况、医生评价等客观因素后仍然如此（德勒和安杰尔，1990）。三是自评健康指标简单明了且容易获得。

CHNS 包含的教育信息是受教育年限，这也是实证研究中常见的变量，故本章以受教育年限度量教育。由于收入、健康和教育是本章关注的三个主要变量，我们删除了家庭人均收入信息缺失、人均收入为负、自评健康信息缺失以及教育信息缺失的观测值。另外，按照通常的研究方法，本章考查的是成年人的收入、健康和教育分布，故剔除了年龄小于 18 岁的个体。

CHNS 中的受访者对自己的健康评价分为很差、一般、好和很好四类。表 4 -1 统计了每一年收入、健康和教育的分布情况。不同自评健康类型的受访者的收入水平呈现出很大的差异，几乎在所有年份里（除 1991 年），自评健康状况都与收入水平呈正相关关系。这与关于我国与收入相关的健康不平等研究结论是一致的（解垩，2009；齐良书和李子奈，2011）。我们同样可以发现平均受教育年限与自评健康状况之间有明显的正相关关系，这与大量关于健康与教育之间关系的实证研究结果是一致的（格罗斯曼，2004；杨俊等，2008）。为了精确地比较收入水平和教育年限在不同健康水平之间的差异，笔者在表 4 -1 的最后一列报告了自评健康很差和自评健康一般这两类居民的收入和教育差异的 t 检验结果，从检验结果看，几乎所有的差异都是显著的。利用其他健康类型之间的收入或教育差异进行检验可以得到类似的结果。事实上，通过简单的统计就可以发现各年的收入和教育之间也显著地正相关。因此，我国居民的收入、健康和教育是两

① 应该注意的一点是，其他综合的健康指标也存在测量误差。

两正相关的①。

表 4－1　　　　主要变量统计性描述

变量	自评健康很差		自评健康一般		自评健康好		自评健康很好		第 4 列～第 2 列	
	均值	标准误	均值	标准误	均值	标准误	均值	标准误	差值	标准误
1991 年，N＝10031										
收入	2579.8	1938.4	2649.6	2198.1	2854.2	1986.4	2810.7	2033.5	69.8	114.6
教育	4.6280	4.0509	5.8817	4.2864	7.5540	4.1038	8.0429	3.8904	1.254	0.225
1993 年，N＝9558										
收入	2683.8	2545.8	3064.3	2630.9	3184.3	2597.0	3735.1	3535.7	380.6	146.0
教育	4.7206	4.0691	6.0810	4.4428	7.5314	3.9932	8.4613	3.8864	1.360	0.245
1997 年，N＝10196										
收入	3372.7	3100.7	3754.6	3018.6	4124.2	3521.6	4383.0	3073.1	381.9	161.9
教育	5.1676	4.1995	6.6139	4.3414	8.1556	3.9623	8.7966	3.9367	1.446	0.231
2000 年，N＝9019										
收入	4607.3	6289.4	5063.5	5018.9	5381.4	5345.8	5508.4	5198.7	456.2	253.9
教育	5.4094	4.0660	7.0759	4.3577	8.5144	3.9671	9.4633	3.6958	1.666	0.208
2004 年，N＝9558										
收入	5890.2	6573.7	6749.0	6923.5	7295.4	7651.9	7524.6	6543.1	858.7	288.0
教育	5.5448	4.3407	7.3561	4.3494	8.7156	4.0738	9.4173	3.6739	1.811	0.182
2006 年，N＝9384										
收入	5786.9	6882.7	7893.9	11718	8462.8	11111	10063	11091	2107.0	456.6
教育	5.8000	4.2048	7.3471	4.4305	8.9568	4.0943	9.8542	3.7576	1.547	0.182

注：收入是经过价格调整以后的值。

以上事实说明，收入、健康和教育的分布不是独立的，因此笔者无法从这三者各自的分布信息中得到联合分布的全部信息，收入不平等、健康不平等和教育不平等都仅仅刻画了边际分布的不平等状况，而不能全面反映联合分布的不平等，所以一维的不平等研究难以反映居民的福利不平等状况。

① 这里的相关性仅指两个变量统计上的相关性，并没有控制其他可能的影响因素。

4.5.2 多维不平等度量结果

笔者首先用式（4-5）和式（4-6）估计我国居民的多维不平等。根据前面的叙述可知，不平等厌恶系数要大于1以反映社会福利函数满足CIM原则，按照通常的方法，笔者将不平等厌恶系数设置为1.5[①]。另一类重要的参数是权重，这类参数的设定是多维福利不平等和多维贫困测度中最受争议问题，目前的研究中提出了种类繁多的设定方式（德坎库和鲁戈，2013）。在多维福利不平等测度的研究中，使用最多的莫过于等权重方式（德坎库和鲁戈，2012；贾斯蒂诺，2012）。本章沿用既有文献中的处理方法，使用等权重方式。由于收入、健康和教育的权重之和应为1，故笔者将三个权重均设置为1/3[②]。笔者将在后文中对参数设置问题进行详细的稳健性分析。

表4-2是我国的多维不平等估计结果。根据式（4-3）和式（4-4），笔者可以对表4-2的估计结果给出两种解释。首先假定X中的要素都是实物资源，这些资源可以自由在社会中进行分配。此时，式（4-3）表示的经济含义是：在社会总福利不变的情况下，平均分布可以节约的社会资源量，这也意味社会总资源不变的情况下，平均分布可提高社会总福利。所以表4-2表明，当社会福利函数满足式（4-1）时，均匀的资源配置方式可以在保持1991年的社会总福利水平不变的情况下，使1991年的社会总资源节省22.8%。根据参数设定（$\varepsilon=1.5$），这相当于在保持1991年的社会资源总量不变的情况下，均匀的配置方式可使1991年的社会总福利水平提高

① 笔者的估计结果还包括了$\varepsilon<1$时的情形，$\varepsilon<1$所蕴含的社会福利函数不同，因此会影响估计结果的经济含义，但结果表明，$\varepsilon<1$不影响对不平等变化趋势的判断。

② 等权的设定具有一定的随意性，因此相应的结论只适用于等权的情况。当然，本书对权重设定问题进行了大量的稳健性分析，在一定程度上弥补了这些不足。严格来说，权重的设定应该以居民的偏好为依据，但一般的调查数据中没有相关的信息，因此这些问题还有待后续的实验研究来完成。

12.1%。同理，在保持社会福利水平不变的情况下，均匀的资源配置方式可以使2006的社会总资源节省29.7%，这相当于，在保持社会资源总量不变的情况下，均匀配置可使2006年的社会总福利提高16.2%。上述解释方式是根据崔氏指数的构建思想得到的，这一解释方式有很直观经济含义，但由于健康和教育并不是真正的物质资源，上述解释难免会造成一些误解。第二种解释方式直接根据崔氏指数的定义。根据崔氏指数的含义，崔氏指数超高说明社会的不平等程度越严重，这时我们并不强调社会的福利水平是多少，而只关注福利不平等程度。从表4-2中可以看出，两类崔氏指数虽然蕴含着不同的社会福利函数，但它们对我国居民福利不平等变化趋势的判断是一致的。20世纪90年代初期，我国居民的福利不平等程度相对较低，1993年的福利不平等程度有所上升，但1997年又几乎下降到1991年时的不平等程度。1991~1993年，福利不平等上升的主要原因是这一时期的收入不平等迅速上升。20世纪90年代初期，农村乡镇企业仍在继续发展，这导致农村内部不同地区间经济发展差异继续扩大，农村内部的收入差距也随之扩大。与此同时，城市市场经济体制在不断建立和完善，城镇的平均主义分配格局逐渐被打破，城市内部的收入不平等加剧。从1993年到1997年，福利不平等下降的主要原因是教育不平等的下降和城乡间收入差距的缩小。20世纪90年代以后，我国的教育服务供给大幅提升，这使得我国的教育不平等程度也随之大幅降低。而这段时期内城乡内部的收入差距变化不大，城乡之间的收入差距却明显下降（程永宏，2007），这使得总体的收入不平等程度略有下降。上述两种效应的综合结果表现为居民福利不平等下降。1997年以后，城市经济迅速发展，城镇居民收入差距进一步扩大，城市经济的发展逐渐渗透到农村，使得农村的收入差距也进一步扩大。同时，随着医疗服务的市场化，“看病难、看病贵”问题逐渐凸显，居民的健康不平等加剧。这些因素的综合结果使居民福利不平等从1997年以后一起在恶化。

表 4-2　　总体多维不平等估计结果

年份	1991	1993	1997	2000	2004	2006
崔氏指数 1 (ε=1.5)	0.2280 (0.0020)	0.2480 (0.0026)	0.2310 (0.0026)	0.2611 (0.0026)	0.2776 (0.0028)	0.2974 (0.0034)
崔氏指数 2	0.1825 (0.0017)	0.1973 (0.0020)	0.1830 (0.0020)	0.2070 (0.0020)	0.2214 (0.0022)	0.2374 (0.0028)
N	10031	9558	10196	9019	9558	9384

注：括号内为按城乡分层自抽样 200 次得到的 bootstrap 标准误。崔氏指数 1 表示第一类崔氏指数，即式（4-5）；崔氏指数 2 表示第二类崔氏指数，即式（4-6）。第二类崔氏指数无 ε 无关。

我国的城乡二元结构使得农村和城市在医疗卫生资源和教育资源配置方面有较大差异，这种差异可能导致农村和城市的多维不平等有不同特点。遗憾的是，目前的研究中没有关于崔氏指数按人口分组分解的研究，所以笔者无法像研究收入不平等那样讨论总不平等、组内不平等和组间不平等。为了分析城乡的多维不平等差异，笔者将样本分成城市和农村两个子样本，然后分别研究这两个子样本的组内不平等。表 4-3 是城乡内部的福利不平等估计结果。表 4-3 表明，无论是城市还是农村，居民的福利不平等情况都表现出恶化的趋势，城市的福利不平等从 1991 年的 0.194 上升到 2006 年的 0.28，农村的福利不平等从 0.237 上升到 0.295。表 4-3 还说明，农村居民的福利不平等程度要比城乡更为严重，农村 1991 年的福利不平等程度已经和程度 2000 年的不平等程度相当，2006 年城乡内部的福利不平等程度分别为 0.280 和 0.295。

表 4-3　　城乡内部多维不平等估计结果

年份	1991	1993	1997	2000	2004	2006
Panel A：城市内部不平等						
崔氏指数 1 (ε=1.5)	0.1937 (0.0038)	0.2233 (0.0047)	0.2170 (0.0049)	0.2335 (0.0057)	0.2611 (0.0059)	0.2797 (0.0075)
崔氏指数 2	0.1504 (0.0029)	0.1754 (0.0034)	0.1664 (0.0036)	0.1819 (0.0042)	0.2011 (0.0041)	0.2156 (0.0060)
N	3325	2907	3206	2845	2967	2918

续表

年份	1991	1993	1997	2000	2004	2006
Panel B：农村内部不平等						
崔氏指数 1（ε = 1.5）	0.2370（0.0024）	0.2520（0.0027）	0.2319（0.0029）	0.2643（0.0035）	0.2736（0.0033）	0.2947（0.0040）
崔氏指数 2	0.1927（0.0020）	0.2022（0.0022）	0.1863（0.0023）	0.2115（0.0029）	0.2214（0.0026）	0.2388（0.0035）
N	6706	6651	6990	6174	6591	6466

4.5.3 多维不平等分解结果

在前面的分析中，笔者对我国居民的福利不平等状况进行了估计，并对其变化趋势进行了初步解释。根据笔者在引言中的介绍可知，居民的福利不平等由四个因素造成：一是收入不平等；二是健康不平等；三是教育不平等；四是收入、健康和教育三者之间的相关性。笔者可以利用式（4－7）～式（4－9）将这些影响因素分解出来，这有助于我们更深入地了解多维不平等的变动趋势，也有助于更合理地制定公共政策以改善居民的福利不平等，提高整个社会的福利水平。

当社会福利函数满足式（4－2）时，社会福利水平不受资源分布相关性的影响，因此 $\Delta_2(\boldsymbol{X})$ 的分解相对简单。根据崔（1999），社会福利函数满足 CIM 原则是较为合理的假定，故本章仅分析 $\Delta_1^{\varepsilon}(\boldsymbol{X})$ 的分解。根据式（4－7）可知，收入、健康和教育构成的 $\Delta_1^{\varepsilon}(\boldsymbol{X})$ 有如下分解形式：

$$\frac{w_{inc}\ln(\Delta_1^{\varepsilon}(inc))}{\ln(\Delta_1^{\varepsilon}(\boldsymbol{X}))}+\frac{w_{sah}\ln(\Delta_1^{\varepsilon}(sah))}{\ln(\Delta_1^{\varepsilon}(\boldsymbol{X}))}+\frac{w_{edu}\ln(\Delta_1^{\varepsilon}(edu))}{\ln(\Delta_1^{\varepsilon}(\boldsymbol{X}))}+\frac{1}{1-\varepsilon}\frac{\ln(\rho)}{\ln(\Delta_1^{\varepsilon}(\boldsymbol{X}))}=1 \quad (4-11)$$

其中，$\boldsymbol{X}=(inc, sah, edu)$，inc、sah 和 edu 分别表示收入、健康和教育水平。式（4－11）左边依次表示收入不平等、健康不平等、教育不平等和三者之间的相关性在总福利不平等中所占比重（或称贡献率）。

表4-4是利用城乡总样本估计式（4-11）左边各项比重的结果，为了便于理解，笔者还报告了收入、健康和教育的不平等情况（即AKS指标）。首先，从收入不平等、健康不平等和教育不平等的变化趋势上看，用AKS得到的结果与笔者在图4-1中用基尼系数得到的结果是完全一致的。前面的讨论中已经对这些变化趋势的可能原因进行了解释，这里不再一一赘述。我们现在将焦点放在各个因素对福利不平等的贡献作用上。1991年时，教育不平等是造成居民福利不平等的最主要因素，其对福利不平等的贡献率将近50%；收入不平等是导致居民福利不平等的第二关键因素，其对福利不平等的作用占39.6%；健康不平等对居民福利不平等的影响相对较小，仅占5.9%；ρ 大于1，进一步证实收入、健康和教育之间有正相关关系，三者的相关性对福利不平等的影响占4.8%。上述结果并不难理解，20世纪90年代初期，我国的收入不平等程度还不是很大，但由于教育结构和管理模式的调整，20世纪70年代中期时的教育服务供给处于低水平（刘精明，2008），这使20世纪90年代初期时的教育不平等较为严重[①]。1991年之后，教育不平等大幅下降，其在福利不平等中的影响力也相应下降，而收入不平等的快速提升使得收入不平等对福利不平等的影响越来越大。到2006年，收入不平等和教育不平等对福利不平等的贡献率分别为：60%和30%。从1991年到2006年，健康不平等对福利不平等的影响几乎没有发生根本性的变化，其贡献率一直维持在6%左右。收入、健康和教育的相关性虽然对福利不平等的影响较小，但 ρ 值的上升趋势明显，其对福利不平等的贡献率也略有上升趋势。ρ 值不断上升说明富人和穷人之间在教育和健康上的差别越来越大，这种差异进一步加剧了我国居民的福利不平等。从收入不平等、健康不平等和教育

① 笔者用的是成人样本，所以20世纪70年代中期的教育机会下滑影响的是20世纪90年代初期的成人教育不平等。

表 4－4　　总体多维不平等分解结果

年份	收入不平等			健康不平等			教育不平等			ρ 值		
	估计值	标准误	占比（%）	估计值	标准误	占比（%）	估计值	标准误	占比（%）	估计值	标准误	占比（%）
1991	0. 2646	0. 0035	39. 6	0. 0445	0. 0009	5. 9	0. 3204	0. 0032	49. 7	1. 0062	0. 0003	4. 8
1993	0. 3264	0. 0047	46. 2	0. 0427	0. 0011	5. 1	0. 3102	0. 0035	43. 4	1. 0075	0. 0004	5. 3
1997	0. 3078	0. 0049	46. 7	0. 0446	0. 0011	5. 8	0. 2827	0. 0037	42. 2	1. 0070	0. 0003	5. 3
2000	0. 3830	0. 0066	53. 2	0. 0562	0. 0009	5. 4	0. 2712	0. 0035	34. 8	1. 0085	0. 0004	6. 6
2004	0. 4157	0. 0049	55. 1	0. 0632	0. 0011	5. 7	0. 2734	0. 0035	32. 7	1. 0090	0. 0004	5. 5
2006	0. 4583	0. 0069	57. 9	0. 0628	0. 0010	5. 1	0. 2720	0. 0039	30. 0	1. 0106	0. 0005	6. 0

不平等对福利不平等的影响程度上看，笔者认为，教育不平等对福利不平等的影响应该引起更多的关注，其在改善我国居民福利不平等方面仍然有很大的发挥空间。首先，教育不平等对福利不平等的影响程度虽然在下降，但其对福利不平等的贡献仍占1/3 左右。其次，相比较缓解收入不平等而言，改善教育不平等更容易，我国过去30 年的发展经验也证实了这一点。最后，值得一提的一点是，表4 -4 中收入不平等在15 年间的增幅为73%，而同时期的多维不平等增幅仅为30%（见表4 -2）。

表4 -5 是城乡分样本的分解结果。农村的收入和教育不平等都比城市更为严重，而健康不平等程度却比城市小。在1991 年，收入不平等和教育不平等对农村居民福利不平等的贡献分别为43. 1%和47. 8%，而对城市居民福利不平等的贡献率分别为29. 8%和56. 0%。城市居民早期的收入不平等程度较低，使得教育不平等在福利不平等的作用非常显著。在随后的时间里，城乡居民的收入不平等都在不断加剧，收入不平等的福利不平等的影响也在扩大。城乡居民的教育不平等虽然都有明显的下降趋势，但城市的教育不平等下降速度快于农村。这可能是因为城市和农村的教育资源配置有较大差异，“城乡有别”和“城市教育优先”的配置方式使得农村教育资源相对匮乏（邵泽斌，2010），因此农村的教育不平等下降速度比城市更慢。到2006 年，农村的教育不平等对福利不平等的贡献率为31. 5%，而城市的教育不平等贡献率仅为25. 5%。健康不平等对城市居民福利不平等的影响略大于农村，虽然城乡居民的健康不平等程度才有明显的上升，但由于上升幅度较小，所以健康不平等对城乡居民福利不平等的影响作用没有发生根本性的变化，也没有表现出明显的趋势。城市的ρ均高于农村，这说明收入、健康和教育的相关性在城市居民中表现得更为明显。ρ对福利不平等的影响程度在不同年份间虽然波动较大，但从长期来看，其影响有上升的趋势，而且，ρ对福利不平等的影响程度与健康不平等对福利不平等的影响程度大小相当。所以，收入、健康和教育的相关性对福利不平等的影响是不可忽略的因素。

表4-5 **分城乡多维不平等分解结果**

年份	收入不平等			健康不平等			教育不平等			ρ 值		
	估计值	标准误	占比	估计值	标准误	占比	估计值	标准误	占比	估计值	标准误	占比
Panel A：农村												
1991	0.2951	0.0049	43.1	0.0421	0.0011	5.3	0.3215	0.0041	47.8	1.0051	0.0003	3.8
1993	0.3393	0.0059	47.6	0.0404	0.0010	4.7	0.3123	0.0034	43.0	1.0069	0.0004	5.7
1997	0.3129	0.0048	47.4	0.0418	0.0011	5.4	0.2862	0.0038	42.6	1.0061	0.0004	4.6
2000	0.3934	0.0065	54.3	0.0550	0.0013	6.1	0.2739	0.0045	34.8	1.0074	0.0006	4.8
2004	0.4071	0.0065	54.5	0.0627	0.0012	6.8	0.2784	0.0048	34.0	1.0075	0.0005	4.7
2006	0.4512	0.0082	57.3	0.0623	0.0012	6.1	0.2807	0.0049	31.5	1.0089	0.0005	5.1
Panel B：城市												
1991	0.1750	0.0061	29.8	0.0492	0.0017	7.8	0.3036	0.0064	56.0	1.0069	0.0005	6.4
1993	0.2760	0.0096	42.6	0.0479	0.0019	6.5	0.2895	0.0067	45.1	1.0074	0.0007	5.8
1997	0.2884	0.0102	46.4	0.0506	0.0018	7.1	0.2535	0.0075	39.8	1.0082	0.0007	6.7
2000	0.3333	0.0104	50.8	0.0588	0.0016	7.6	0.2434	0.0074	35.0	1.0088	0.0009	6.6
2004	0.4008	0.0117	56.4	0.0644	0.0019	7.3	0.2363	0.0073	29.7	1.0099	0.0009	6.5
2006	0.4482	0.0125	60.4	0.0641	0.0018	6.7	0.2222	0.0074	25.5	1.0121	0.0009	7.3

4.5.4 稳健性分析

笔者在前面的分析中仅考虑了 $\varepsilon=1.5$ 且各维度权重相等的情形。ε 和权重的选取有可能会影响对多维不平等的程度及变化趋势的判断。另外，不同的不平等度量指标前后所蕴含的社会福利函数不同，不同的不平等度量指标是否会对我国居民的多维不平等变化趋势给出不同的判断呢？最后，在估计中用的是居民的自评健康，这是一个序数变量，而序数变量对不平等估计的影响一直是健康不平等研究的焦点问题之一（艾瑞格斯和范·奥蒂，2011），自评健康的序数性对笔者的多维不平等估计是否有影响呢？本小节将围绕以上三个问题对笔者的实证结果进行稳健性分析。

4.5.4.1 参数设置对估计结果的影响

崔氏指数中的参数包括不平等厌恶系数 ε 和权重参数 w_j 两类。笔者首先探讨给定不平等厌恶系数的情况下，权重设置对崔氏指数的影响。以 $\varepsilon=1.5$ 为例，用第一类崔氏指数估计不同权重设定下的福利不平等状况。将区间［0，1］划分为50等份，以包括端点在内的51个等分点值分别设置为收入和健康的权重，教育的权重为1减收入和健康的权重之和，这样便得到1326（51×26）种权重组合。计算了每一种权重组合所对应的第一类崔氏指数，并将结果绘制在图4－3中。从笔者的估计结果容易看出，不同的权重决定对崔氏指数的影响非常明显。健康的权重越大崔氏指数越小；除1991年外，其余各年的收入权重为1时对应崔氏指数最大；1991年的教育权重为1时得到的崔氏指数最大。这些结果与表4－4中的边际分布不平等估计结果是一致的。如果参数的设置不影响不平等的相对大小，且笔者关注的仅仅是不平等状况有没有改善或有没有恶化，而不关注不平等的绝对大小，那么在实证分析中如何设置参数就无关紧要了。遗憾的是，参数设置往往会改变不平等状况的相对排序。例如，当收入、健康和教育的权重相等时，除 1997 年外其余各年的不平等状况是逐年恶化的（见表 4 -4），而当教育权重接近 1 时，不平等状况却在逐年改善（见图 4 -3）。

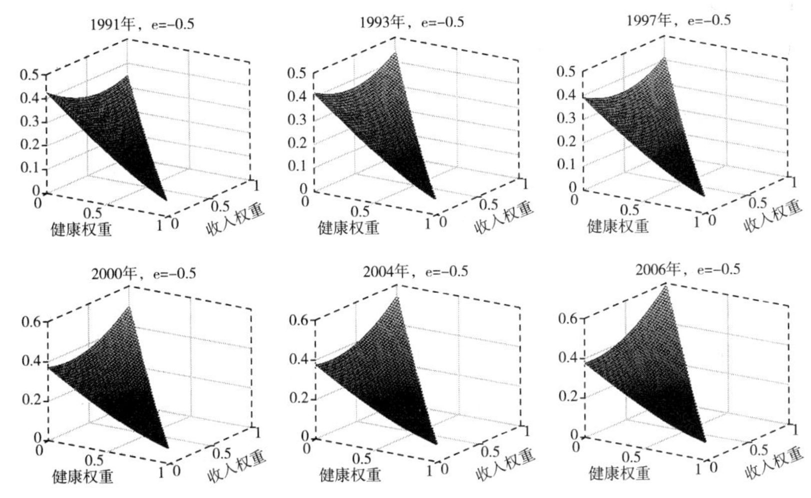

图 4 -3　权重设置对 Tsui 指数的影响

为了更清楚地认识参数设置对不平等估计结果的影响，笔者考查不同的不平等厌恶系数和权重设置下，各年间的不平等相对排序情况。将区间［1.01，3.01］划分为 20 等份，以包括端点在内的 21 个分点为 ε 的取值。将 ε 的值设在［1.01，3.01］之间主要有下面三个原因：一是为了使 $1-\varepsilon<0$ 以保证社会福利函数满足 CIM 原则；二是现有的研究证明合理的不平等厌恶系数一般在 0.2 ~ 3 之间（埃米尔等，1999；卡尔森等，2005；皮特拉和乌西塔洛，2010）；三是出于数据自身的原因，ε 对收入、健康和教育进行了非线性的转化，过大的 ε 会改变三者之间的相关性导致 ρ 远小于 1。权重的设置与图 4 -1 中设置方式类似，以 x 轴为收入的权重，y 轴为健康的权重，教育的权重为 1 减去收入和健康的权重，收入、健康和教育的权重设置构成一个三角形区域。为了尽可能考虑多种参数设置，笔者将区间［0，1］划分为 100 等份并以包括端点在内的 101 个等分点为权重值分别设置收入和健康

的权重，这样便可得到5151（101×51）种权重组合。在每种权重设置下，分别估计 21 个不平等厌恶系数对应的崔氏指数，因此每年共有108171 种参数组合。比较每种参数组合下不同年份的崔氏指数大小，分析参数设置对不平等变动趋势的影响。图 4－4 是参数设置对多维不平等相对排序影响的估计结果。三角形区域中颜色最浅的部分表示在21 种不平等厌恶系数下得到的崔氏指数都是后一年大于前一年，颜色最深的部分表示 21 种不平等厌恶系数下得到的崔氏指数都是前一年大于后一年，颜色介于中间的部分表示只有部分不平等厌恶系数得到的结果是前一年大于后一年。1993～1997 年和 2000～2004 年是两个特殊的时间段，在 1993～1997 年这个时段内，不同的参数设置几乎都表明1997 年的不平等状况比 1993 年有所改善；在 2000～ 2004 年这个时段内，所有的估计结果都表明2004 年的不平等状况比 2000 年更严重。其余的时段内，不同的参数设置对多维不平等的相对排序影响稍大，主要原因是教育不平等在逐年改善，所以当收入和健康的权重都较小时，

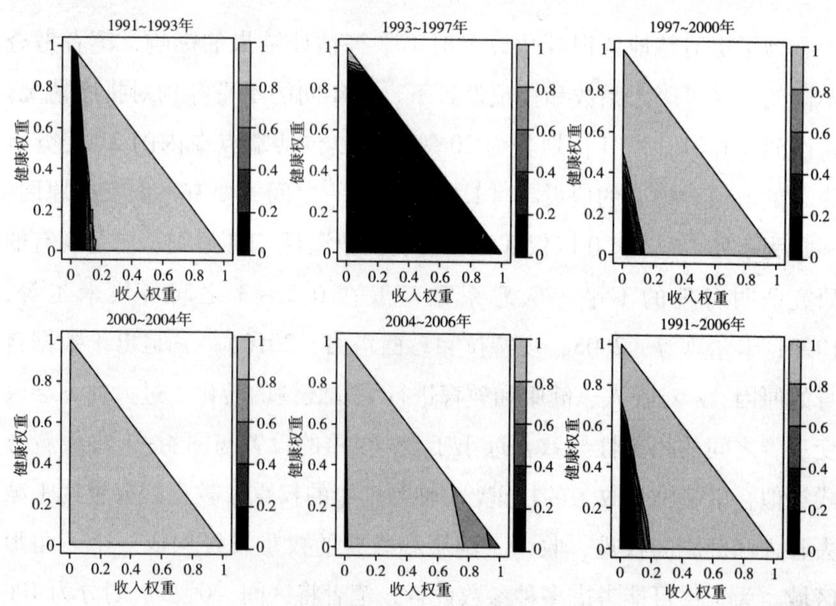

图 4－4　参数设置对多维不平等变化趋势的影响

会得出多维不平等改善的结论，但大部分结果都表明收入、健康和教育的三维不平等状况有逐年恶化的趋势。总体而言，笔者测算的结果表明前面得到的结论是可靠的。

最后，笔者考查参数设置对崔氏指数分解的影响。根据前面的讨论，分析收入、健康和教育的权重均为1/3的情况下，不平等厌恶系数的变化对各个部分在总平等中比重的影响。不平等厌恶系数设定在［1，6］，即实证研究中不平等厌恶系数常用范围的2倍。图4－5表明，除1991年以外，收入不平等都是多维不平等的最主要影响因素。收入不平等在多维不平等中的比重随着不平等厌恶系数上升呈现出U形趋势。教育不平等在我国居民多维不平等中的比重随着不平等厌恶系数的上升呈现出下降的趋势。健康不平等对总不平等的影响也随着不平等厌恶系数的增大而下降，但下降的幅度非常小。值得注意的是收入、健康和教育三者之间相关性对不平等的影响。从图4－5中可以看出，ρ 在总不平等中的作用随着不平等厌恶系数的上升呈倒U形。在前面的分析中，笔者将不平等厌恶系数设置为1.5，在这一位置上，ρ 对总不平等的影响和健康对总不平等的影响大小相当。不平等厌恶系数在［1，3］均是较为合理的范围，在这一范围内，ρ 对我国居民多维

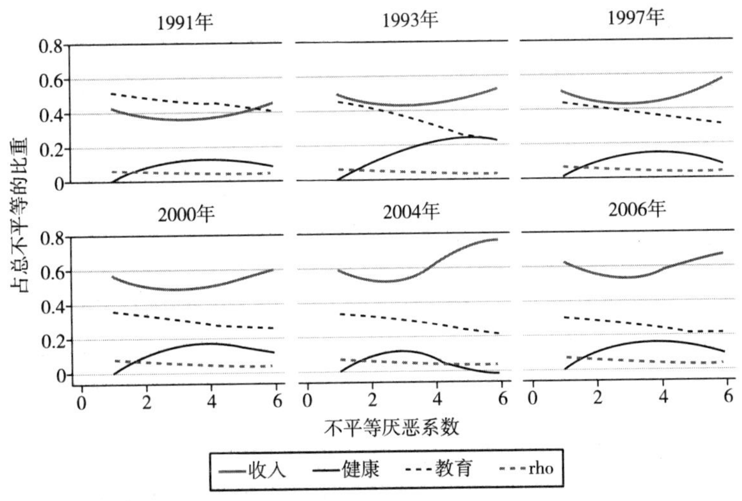

图4－5　不平等厌恶系数对不平等分解的影响

不平等的影响随着不平等厌恶系数的上升而上升。当不平等厌恶系数大于2时，ρ 在总不平等中的占比接近20%，超过健康的占比，成为影响多维不平等的另一关键因素。如果富人和穷人之间的教育和健康差距不能很好地解决，ρ 对居民福利不平等的影响仍会有进一步加强。

4.5.4.2　不同的多维不平等指标

不同的不平等度量指标所蕴含的社会福利函数不同，因此不平等度量指标的选取也有可能影响对不平等状况的相对排序。在传统的收入不平等研究中，学者们通常建议用不同的指标以便得到比较稳健的结果（万广华，2008）。在多维情况下同样可以用不同的不平等度量指标分析结果稳健性。笔者选用多维基尼系数估计收入、健康和教育的不同的不平等状况。根据德坎库和鲁戈（2012），多维基尼系数的形式如下：

$$G(X) = 1 - \frac{\sum_{i=1}^{n}\left[(2r_i - 1)/n^2\right]z_i}{\sum_{j=1}^{k} w_j\mu_j} \tag{4-12}$$

其中，$z_i = \sum_{j=1}^{k} w_j x_{ij}$，$r_i$ 表示 z_i 从大到小排序后的对应位置，即z_i最小时 $r_i = n$，z_i 最大时 $r_i = 1$。w_j 和μ_j与 Tsui 指数中的含义相同，分别表示第 j 类资源的权重和均值。参照 Banerjee（2010）的研究，笔者将权重设定为矩阵 $X'X$ 的最大特征值对应的单位特征向量，这样可以保证 $G(X)$ 所对应的社会福利函数得到满足。

表4-6是利用式（4-12）估计得到的各年多维基尼系数。表4-6表明，多维基尼系数除1997年比1993年低外，其余各年均在不断攀升。分城乡的估计结果表明，农村内部的多维不平等状况要比城市严重。从各年多维基尼系数的变化趋势看，表4-6的结果与表4-2和表4-3是一致的，这说明不同的度量指标选取并不会影响本章的主要结论。但是多维基尼系数无法按资源进行分解，所以笔者无法检验收入、健康和教

育的边际分布以及他们之间的相关性对多维基尼系数的贡献。

表 4 – 6　　多维基尼系数估计结果

年份	1991	1993	1997	2000	2004	2006
总体	0. 3638 (0. 0026)	0. 4078 (0. 0031)	0. 3943 (0. 0027)	0. 4396 (0. 0039)	0. 4709 (0. 0034)	0. 5012 (0. 0052)
城市	0. 2836 (0. 0042)	0. 3696 (0. 0080)	0. 3606 (0. 0052)	0. 4035 (0. 0077)	0. 4397 (0. 0056)	0. 4691 (0. 0117)
农村	0. 3956 (0. 0039)	0. 4194 (0. 0034)	0. 4068 (0. 0040)	0. 4493 (0. 0048)	0. 4738 (0. 0041)	0. 5071 (0. 0059)
N	3325/6706	2907/6651	3206/6990	2845/6174	2967/6591	2918/6466

N 中第一个数字为城市样本量，第二个数字为农村样本量，二者之和为总样本量。

4.5.4.3 健康的序数性

以上结果均没有考虑自评健康数据具有序数性质，然而这一问题却是健康不平等的相关研究中比较受关注的问题之一，这主要是因为受访者的实际健康水平只是自评健康状况的潜变量，二者并不相等，而序数变量的均值和绝对大小都没有明确的含义，因此直接将序数变量运用于不平等度量可能会造成较大的偏误。

处理自评健康序数性的常用方法是利用有序 probit 模型估计健康方程，然后用拟合值作为真实健康水平的代理变量（范多尔斯莱尔和琼斯，2003；齐良书和李子奈，2011）。为此，笔者先用有序 probit 模型估计居民的自评健康，模型中的控制变量包括收入、教育、性别、年龄、是否有高血压、是否抽烟、是否饮酒、是否有行动困难、是否工作以及是否有医疗保险等，然后用式（4 – 13）将自评健康拟合值转化为 0 到 1 之间的变量①。

① 需要注意的是，收入与健康可能有双向因果关系，所以笔者的 probit 模型估计可能是有偏的，但笔者的目的不适于分析收入与健康之间的因果关系，而仅是利用它们的相关关系尽可能拟合一个人的健康状况。

$$\tilde{y} = \frac{\hat{y} - \hat{y}_{min}}{\hat{y}_{max} - \hat{y}_{min}} \quad (4-13)$$

其中，$\hat{y}$、$\hat{y}_{max}$和$\hat{y}_{min}$分别表示有序 probit 模型的拟合值、所有拟合值中的最大值和拟合值中的最小值。

笔者用式（4－13）得到的健康值重新估计收入、健康和教育的崔氏指数以及多维基尼系数。由于控制变量缺失，最终可以拟合的样本要少于原样本。表4－7表明，用健康拟合值得到的估计结果略小于用健康原始值得到的估计结果，但差异并不明显，各年间的不平等变化趋势没有改变，这说明考虑健康的序数性并不会影响本章的基本结论。

表4－7　健康水平调整后的多维不平等估计结果

年份	1991	1993	1997	2000	2004	2006
Panel A：总体						
崔氏指数1（$\varepsilon=1.5$）	0.2229（0.0024）	0.2443（0.0029）	0.2283（0.0029）	0.2534（0.0030）	0.2702（0.0028）	0.2923（0.0039）
多维基尼系数	0.3628（0.0036）	0.4062（0.0038）	0.3877（0.0036）	0.4380（0.0049）	0.4682（0.0034）	0.4981（0.0052）
N	7705	7232	7954	8156	8830	8722
Panel B：城市						
崔氏指数1（$\varepsilon=1.5$）	0.1830（0.0041）	0.2141（0.0050）	0.2102（0.0053）	0.2276（0.0061）	0.2537（0.0063）	0.2792（0.0090）
多维基尼系数	0.2779（0.0047）	0.3646（0.0078）	0.3464（0.0059）	0.4032（0.0085）	0.4358（0.0061）	0.4656（0.0102）
N	2652	2292	2491	2598	2744	2710
Panel C：农村						
崔氏指数1（$\varepsilon=1.5$）	0.2342（0.0027）	0.2499（0.0035）	0.2304（0.0031）	0.2557（0.0039）	0.2661（0.0032）	0.2878（0.0038）
多维基尼系数	0.3990（0.0040）	0.4195（0.0037）	0.4036（0.0043）	0.4470（0.0054）	0.4721（0.0042）	0.5043（0.0060）
N	5053	4940	5463	5558	6086	6012

4.6 本章小结

收入不是决定居民福利的唯一因素，收入不平等并不能全面反映居民的福利不平等。将多种福利影响因素割裂开研究也不能全面反映居民的福利分布状况，因为福利分布是各种福利影响因素的联合分布，割裂研究方式只考虑了这一联合分布的边际分布部分。全面地反映居民的福利分布，探讨福利不平等问题，需要在多维的框架下统筹考虑各种福利影响因素。本章将不平等定义成一个多维的概念，研究了我国居民的收入、健康和教育三维不平等程度及其变化趋势。

笔者发现：(1) 收入和影响居民福利的非货币因素相关但又不完全决定非货币因素的分布，所以收入不平等本身并不能完全反映居民的福利不平等。(2) 总体而言，收入、健康和教育的三维不平等有加剧趋势，但各个因素对多维不平等的影响随着时间的变化表现出很大差异。(3) 多维福利不平等造成的福利损失大约为15%。(4) 城乡居民的多维不平等状况存在许多差异。(5) 不同的参数设置对判断我国多维不平等变化趋势影响较少，但对判断各个因素对多维不平等的贡献率影响稍大。

笔者得出的结论暗含着四点政策启示：首先，教育不平等状况虽然有所改善，但是其对我国居民福利不平等的贡献率仍高于30%，因此，教育不平等仍有很大的改善空间，加大对教育的财政投入是改善我国居民福利不平等状况，抑制福利不平等加剧的重要手段之一；其次，健康不平等虽不是导致福利不平等的主导因素，但其作用亦不应被忽视，完善医疗保障体制，促进医疗服务公平性，对改善我国居民的多维不平等有重要作用；再次，合理地配置教育资源和医疗服务资源，防止因贫富差距引发的教育不平等和健康不平等，对缓解福利不平等恶化也具有一定的作用；最后，随着收入不平等的不断加剧，其对福利不平等的影响越来越严重，要防止福利不平等进一步恶化，改善收入分配格局依旧是重中之重。

当然本章还存在一些需改进的地方，首先，在数据可得的情况下，多维不平等的多维福利的研究应该考虑更多的因素。其次，参数设置对多维不平等分解结果影响稍大。未来实证研究的一个重点课题是确定适合我国实际的参数。

第 5 章

机会不平等理论拓展与运用——以收入为例

第 4 章估算的福利不平等是结果不平等。分析结果不平等在很大程度上是由机会不平等导致非常有意义。然而，在多维空间中探讨机会不平等的理论尚不成熟，目前只能从各个福利维度入手进行研究。鉴于第 4 章的结论表明，收入不平等是中国当前福利不平等的主导因素，故本章从收入这一维度入手，探讨中国的机会不平等问题。

5.1 问题的提出

改革开放以后，中国经济持续增长，并逐渐攀升至中上等收入国家行列（郑秉文，2011）。与此同时，中国的收入分配差距过大日渐成为影响社会稳定和经济发展的重要因素。一方面，收入差距扩大可以诱导诸如“仇富”心理加剧、犯罪率上升和居民幸福感下降等其他社会问题（胡联合等，2005；陈春良和易君健，2009；章元等，2011；鲁元平和王韬，2011）。另一方面，过高的收入差距也引发学者们对中国是否会跌入“中等收入陷阱”的担忧与思考（蔡昉，2011；郑秉文，2011）。

然而，当前社会所面临的严峻挑战并不完全在于收入的结果不平等，更重要的是收入的机会不平等。探讨机会不平等问题有助于应对

"中等收入陷阱"挑战，也有利于解决收入差异扩大引发的各种社会问题。首先，机会不平等为探究收入不平等的内在原因提供了新视角。引起收入差距的原因有很多，个人无法左右的外生因素（如家庭背景、性别和出生地点等）导致的收入差距很难被人们接受，而自身的努力程度不同导致的收入差距却容易被社会大众接受（弗勒拜伊，2008）[①]。罗默（1998）将所有个人无法控制的外部因素统称为"环境"（circumstances），将所有个人自身的责任因素统称为"努力"（efforts）。由"环境"引起的收入差距被视为收入的机会不平等，而传统意义上的收入不平等被称为收入的结果不平等（inequality ofoutcomes）。其次，机会不平等为探寻缓解社会矛盾的公共政策提供了新依据。由收入不平等所引发的各种社会矛盾更多地体现了人们对机会不公平的不满。无论是调查数据分析（盖特纳和施维特曼，2007）还是实验数据研究（卡佩伦等，2010），结果都表明，个体对收入不平等的感知更多地取决于人们获取收入的机会是否公平。除此之外，人们对再分配的偏好也与他们对机会不平等的感知密切相关（克拉维切克，2010）。机会公平主义者认为，机会不平等导致的收入差距是不合理的，再分配政策应该对这种差距给予补偿，而"努力"引起的收入差距是由于对"努力"给予了合理的回报引起的，故不需要进行任何补偿（佩拉希内，2004）[②]。最后，机会不平等为跨越"中等收入陷阱"提供了新思路。中国现阶段所面临的"中等收入陷阱"诱因有很多，其中最为主要的诱因之一就是"不平等陷阱"（郑秉文，2011），这主要体现为中国现阶段的不平等可能会阻碍经济增长。然而，收入不平等与经济增长之间的关系仍存在争论（苏吉亚斯安，2007）。解决这些争论的关键可能就在于区分收入差距的两种成分：一是机会不平等；二是对个人努力的合理回报，前者会抑制人们进行人力资本投资和创新的积极性，导

① 机会不平等更早期的思想可见于 Rawls（1971）和 Arneson（1989）等。

② 关于各种补偿原则的介绍可参考第 2 章的内容。至于到底要采用什么方式进行补偿或回报，既有的文献提出了不同的观点。

致社会分化和冲突，进而阻碍经济增长；而后者对经济增长有促进作用（世界银行，2006；Ali，2007；马里奥和罗德理格兹，2013）。

近些年来，机会不平等研究引起国内外学者的广泛兴趣，积累了丰富的理论和实证研究文献。研究者们提供了来自巴西（布吉尼翁等，2007）、法国（勒弗朗等，2009）、意大利（切苛和佩拉希内，2010）、中国（张和埃里克森，2010）、埃及（哈信，2011）、土耳其（费雷拉等，2011）、瑞典（比约克隆德等，2012）、6 个拉美国家（费雷拉和吉纽，2011）、9 个发达国家（勒弗朗等，2008）和 23 个欧洲国家（马里奥和罗德理格兹，2012）的实证依据。然而，总结这些研究笔者发现，既有的研究还存在两个方面的问题。第一，既有的研究提出了种类繁多的机会不平等测度方法，这些方法存在不同程度的缺陷（拉莫斯和范德盖尔，2012），不同方法之间相互冲突（弗勒拜伊和佩拉希内，2013）。例如，布吉尼翁等（2007）、张和埃里克森（2010）、比约克隆德等（2012）在测度不平等时都采用了基于收入方程回归的参数方法。这一方法的测度结果依赖于收入方程形式的设定，并且回归的残差项被视为个人“努力”，但实际上残差项包含许多“环境”因素（拉莫斯和范德盖尔，2012）。再如，既有的研究大多采用了功利主义回报原则的思想，而较少使用不平等厌恶回报原则的思想，换言之，既有的测度方法仅考查了不同机会集合下预期收入的差异，却没有考虑不同机会集合下面临的风险差异，但这种风险差异可能确实是存在的。其中的原因有两个方面：一方面，即便是给定“环境”和“努力”因素，收入仍然有可能存在随机波动（勒弗朗等，2009）；另一方面，功利主义补偿和自由主义补偿都依赖于可观察到的“环境”因素（拉莫斯和范德盖尔，2012），而不可观察的“环境”因素同样需要补偿。基于上述原因，罗默（2012）建议机会不平等测度要使用不平等厌恶的补偿原则。拉莫斯和范德盖尔（2012）在总结了既有测度方法之后得出如下结论：现存的机会不平等测度方法还存在不足，寻找最为合适的测度仍需大量工作。

第二，既有的研究都侧重于机会不平等的测度，没有对机会不平等的内在结构、特征以及变化趋势进行深入探讨，尤其是在中国这样的转型国家中，探讨机会不平等的变化趋势、结构特征对于深刻认识收入差距问题极为重要。例如，近些年来，我国的“官二代”“富二代”“星二代”等“二代”现象受到大众媒体的广泛关注，这些问题的背后是否说明中国的年轻一代比老一代面临更严重的机会不平等问题呢？随着社会的变迁，机会不平等长期趋势如何？中国地域广博，各地区经济发展水平不同，机会不平等区域间差异如何？对这些问题的回答有助于更深入地理解中国的收入分配差距问题。

本章的贡献体现在以下三个方面。首先，本章提出一个新测度方法，这一测度允许不同机会集下的收入存在异方差，将均值和方差这两个分布特征都用于机会不平等估计中，并通过运用多种测度提高了结果的稳健性。现有机会不平等测度的精确性取决于“环境”和“努力”这两类因素如何转化为最终的收入。笔者认为，在不知道收入形成机制的情况下，难以判断何种测度方法最为合适，最可靠的方法就是同时使用多种方法提高稳健性。其次，本章探讨了机会不平等的各种内在结构特征，为深刻理解我国城市居民面临的机会不平等和收入不平等提供了依据。具体而言，笔者探讨了机会不平等的长期趋势、同一时点上不同年龄段人群的机会不平等差异、不同性别间的机会不平等差异、机会不平等在地域上的差异以及各个“环境”因素在机会不平等中的偏效应。这些结论从机会不平等的各个角度深入剖析了机会不平等的结构特征和形成机制。最后，导致我国收入不平等的原因有很多①，鲜有文献从机会不平

① 国内探讨收入差距原因的研究文献中有两类文献与机会不平等研究相关：一类是探讨性别（王美艳，2005）、户籍制度（陈钊等，2009；章元和王昊，2011）、父亲政治身份（杨瑞龙等，2010）以及身高（江求川和张克中，2013）等个人无法控制的因素对收入或就业的影响。但是这些研究仅仅关注机会不平等问题的某些侧面，并不是真正意义上对机会不平等进行测度。另一类是测算我国代际收入流动性及其决定机制的研究（陈琳和袁志刚，2012）。然而，代际收入弹性绝不是机会不平等的合理测度，因为子代收入的外生决定因素并不全部反映在父代的永久性收入中（布吉尼翁等，2007）。此外，国内学者还对代内流动进行了大量探讨，如尹恒等（2006）、胡棋智和王朝明（2009）、王洪亮等（2012）。但是代内流动严格意义上说是居民收入流动的“概率”而并非本书讨论的“机会”。

等的视角进行分析。本章的研究也为理解中国跨越“中等收入陷阱”的问题提供了新视角。

本章的第二部分将梳理既有的机会不平等测度方法，并针对既有方法的不足对测度方法进行扩展。第三部分介绍本章使用的数据和处理方法。第四部分对机会不平等进行实证分析。最后是本章的总结部分。

5.2 机会不平等测度方法的拓展

近些年来，机会不平等测度成为学术研究的热点领域，研究者们提出了大量测度方法。按照对机会不平等的定义可以将这些测度方法分为事前方法（ex ante approach）和事后方法（ex post approach）。事前方法认为“环境”引起的不平等应该得到补偿，事后方法认为相同“努力”程度的人应该有相同的收入水平。这两种看似相同的观点在实证运用中却经常相互冲突（弗勒拜伊和佩拉希内，2013）。按照测度指标性质可以将这些测度方法分为直接测度（direct measures）和间接测度（indirect measures）。直接测度估计由“环境”导致的收入不平等，间接测度探讨“努力”在收入差异中的作用进而间接地反映“环境”对收入不平等的影响。这两种测度的结果通常也存在差异（拉莫斯和范德盖尔，2012）。按照分析技术可以将这些测度方法分为参数方法（parametric approach）、非参数方法（non-parametric approach）和随机占优方法（stochastic dominance approach）①。根据本章的研究目的，笔者按照第三种分类方法评述既有文献，并在此基础上提出本章的测度方法②。

① 严格来说，随机占优方法也是非参方法，但它与其他非参方法在技术上有较大差异，故笔者将其单独归为一类。

② 按前两种分类方法的文献综述可参考弗勒拜伊和佩拉希内（2013）与拉莫斯和范德盖尔（2012）。

5.2.1 反事实分布

在机会不平等的研究中，通常假定观察到的个体收入 y_i 由如下的方程决定：

$$y_i = f(E_i, C_i) \tag{5-1}$$

$$E_i = E(C_i, \xi_i) \tag{5-2}$$

其中，C_i 和 E_i 分别表示“环境”（亦称为机会集）和“努力”，且“努力”取决“环境”和与“环境”无关的其他个人特征 ξ_i。假定按照机会集合 C_i 可将所有人划分为 T 类①，每个人能且只能属于一类，即存在唯一的 t 使得 $C_i = C^t$，$t = 1, \cdots, T$。笔者用 $y = \{y_i\}$ 表示所有人的收入，其分布为 $F(y)$，用 $y^t = \{y_i : C_i = C^t\}$ 表示第 t 类人群的收入，其分布为 $F(y \mid C^t)$。用 $I(\cdot)$ 表示不平等指标（常用的指标为基尼系数和泰尔指数），收入不平等可记为 $I(y)$。按照罗默（1998）对机会公平的定义：假定 ξ 在人群中随机分布，机会公平意味着机会集对收入没有系统影响，即

$$F(y \mid C^t) = F(y \mid C^l) = F(y), \ t, l = 1, \cdots, T \tag{5-3}$$

然而，检验两个分布是否相同并不容易，故式（5-3）不适合直接用于对机会不平等进行实证检验。注意到式（5-3）的一个必要条件是：两个分布的均值相同，即 $E(y^t) = E(y^l)$。沿着这一思路，研究者们提出了多种用于测量机会不平等的方法，这些测度方法的核心思想是寻找一个反事实（counterfactual）的收入分布 $y^c = \{y_i^c\}$，在这个反事实的分布中，个人“努力”导致的收入差异已经被消除，剩下的收入差异全由“环境”导致。例如，布吉尼翁等（2007）和费雷拉和吉

① “类”（type）在本书中特指具有相同“环境”的所有人。这一用法最早是罗默（1993）提出的。

纽（2011）建议将收入的对数设为线性形式并用OLS方法估计式（5-1）~式（5-2）对应的简约模型，y^c 的构造方法如下①：

$$y^c = \{\exp(C^1\hat{\psi})1_{N_1},\cdots,\exp(C^t\hat{\psi})1_{Nt},\cdots,\exp(C^T\hat{\psi})1_{N_T}\} \quad (5-4)$$

其中，$\hat{\psi}$ 是参数的拟合值，N_t 表示第 t 类人群的人口数，1_{Nt} 表示 N_t 维的单位行向量，这一方法被称为参数法。切奇和佩拉希内（2010）提供了一种 y^c 非参数估计方法，具体形式如下：

$$y^c = \{\mu(y^1)1_{N_1},\cdots,\mu(y^t)1_{Nt},\cdots,\mu(y^T)1_{N_T}\} \quad (5-5)$$

其中，$\mu(y^t)$ 表示 y^t 的均值。式（5-4）和式（5-5）的区别在于，式（5-4）用 $\exp(C^t\hat{\psi})$ 作为 $E(y^t)$ 的估计值，而式（5-5）用样本均值 $\mu(y^t)$ 作为 $E(y^t)$ 的估计值。式（5-4）和式（5-5）都假定“努力”导致的收入差异已经被消除，前者假定估计方程的残差项全部由“努力”因素导致，拟合的收入只包含“环境”因素；后者假定同一机会集中个体的“努力”程度随机分布，不同“努力”程度导致的收入变异在求平均时相互抵消。当式（5-3）成立时，式（5-4）和式（5-5）都是常向量，即 $I(y^c)=0$。反之，$I(y^c)\neq 0$ 说明式（5-3）不成立，即存在机会不平等。由于 y^c 中的差异完全由“环境”导致，所以 $I(y^c)$ 就是机会不平等的度量。然而，$I(y^c)$ 是否能准确地反映机会不平等还取决于很多因素，例如，式（5-4）的精确性取决于参数方程形式是否合理，残差项中包含的没有观测到的“环境”因素对收入差距影响多大，不可观测的“环境”变量与可观测的“环境”变量是否相关等；式（5-5）的精确性取决于是否有足够大样本，以足以平滑“努力”对收入的影响。

式（5-4）和式（5-5）的共同缺点在于这两种方法只考查了均

① 两个文献的不同之处在于，布吉尼翁等（2007）用的是间接测度，在间接测度的反事实分布中，个人“环境”导致的收入差异已经被消除，剩下的收入差异全由“努力”导致。

值这一个分布特征，对相同机会集人群的组内收入差异反应不敏感。事实上，式（5-3）是机会均等的一种非常强的定义（勒弗朗等，2009）。式（5-3）说明，如果人们对两种不同的机会集有相同的偏好，那么这两种机会集下的收入分布完全相同，即 $F(y \mid C^t)$ 和 $F(y \mid C^l)$ 的所有分布特征都相同，包括均值相同、方差相同等。然而，对于一个非风险中性的人而言，他对拥有不同收入分布的两种机会集合仍然有可能有相同的偏好，例如，一个机会集的预期收入很高，但收入波动很大，另一个机会集的预期收入虽然低，但收入波动较小①。勒弗朗等（2009）利用福利分析的方法提出了一个相对较弱的机会公平定义②，依据这一定义，机会公平意味着各个机会集合下能达到的预期效用水平是相同的。通过假定效用函数关于收入是单调增的凹函数（风险厌恶的），这种定义将每种机会集合下预期的收入波动纳入到机会公平的定义内。与此同时，假定效用函数关于收入是单调增的凹函数也将机会公平问题转化为边际分布 $F(y \mid C^t)$ 的占优问题。因此，检验机会是否公平，可用随机占优方法判断 $F(y \mid C^t)$ 是否比 $F(y \mid C^l)$ 更“好”。判断的标准是，$F(y \mid C^t)$ 是否二阶占优于 $F(y \mid C^l)$。$F(y \mid C^t)$ 二阶占优于 $F(y \mid C^l)$ 说明人们更偏好于 C^t，即存在机会不平等。但随机占优方法在实证运用时的局限颇多。首先，这一方法仅适用于 T 较小的情形；其次，要有足够大的样本量才能得到 $F(y \mid C^t)$ 的精确估计；

① 为了便于叙述，笔者假定个体可自由选择机会集，这样个体对机会集的偏好才有意义。但机会不平等的基本前提是机集会是外生的，个体并不能自由选择自己的机会集。因此，上述的解释可以从一个社会计划者（social planner）的视角来理解，即从社会计划者的角度来看，不同的机会集不存在优劣时表示机会是公平的。

② 勒弗朗等（2009）认为，影响个人收入的因素可分为“环境”“努力”和运气三部分。运气通常也是不可控的，但有些运气对所有人的影响是相同的，即分布中性的，而有些运气可能取决于机会集，前者导致的收入差异是合理的，而后者导致的收入差异是不合理的。此外，他们还讨论了基因（作为不可控的“环境”）因素是否需要补偿的问题。本书不讨论这些道德上的价值评判问题。但从既有的文献来看，一方面，可观测到的“环境”因素（主要是家庭背景）难以反映基因的作用（比约克隆德等，2012）。另一方面，大部分学者倾向于认为基因因素是需要补偿的（拉莫斯和范德盖尔，2012）。因此，无论对基因因素持有什么样的态度，都不会严重影响本书的结论。

最后，当占优条件不成立时（例如，$F(y|C^t)$ 与 $F(y|C^l)$ 相交时），无法判断是否存在机会不平等。为了克服随机占优分析的缺陷，笔者可以构建一个测度指标，且该指标可以反映不同机会集下的收入波动差异。当然，并不是给定机会集下的所有组内收入波动都应该反映在机会不平等的测度中。用 $Var(y^t)$ 表示 $F(y|C^t)$ 对应的组内方差，$Var(y^t)=\sigma^t+\sigma$，其中，σ 表示由纯“努力”[1] 因素差异导致的组内收入差异，由于 ξ 在人群中随机分布，所以这部分差异对所有机会集是相同的。σ^t 是机会集 C^t 特有的组内收差异，应该被视为机会不平等的一部分。为了区别 σ^t 和 $Var(y^t)$，笔者将 σ^t 称为机会集 C^t 下面临的收入风险。将要构造的反事实分布既与机会集合 C^t 预期收入相关也与收入风险相关。

5.2.2 一个新的反事实分布构造方法

要将 σ^t 的信息反映在反事实分布中，笔者首先要将 σ^t 从 $Var(y^t)$ 中分离出来，然后再用分离出来的信息构造反事实分布。为了更精确地刻画“环境”导致的异方差 σ^t，将第 t 类人群中的个体按收入高低划分为 K 等份，并假定处在同一收入等级的个体付出了相同程度的“努力”[2]。所以，可以将 y^t 记为下面的形式：

$$y^t=\{y_{11}^t,\cdots,y_{1Nt1}^t,\cdots,y_{k1}^t,\cdots,y_{ki}^t,\cdots,y_{kNtk}^t,\cdots,y_{KNtK}^t\} \tag{5-6}$$

其中，$k=1$，…，K，y_{ki}^t 表示第 t 类人群中收入等级为 k 的所有个体中的第 i 个人的收入，N_{tk} 表示这类个体的总人数，故 $N_{t1}+\cdots+N_{tk}+\cdots+N_{tK}=N_t$。记 $y_{k*}^t=\{y_{k1}^t,\cdots,y_{ki}^t,\cdots,y_{kNtk}^t\}$。由于同一收入等级的人付出了相同的“努力”，所以 y_{k*}^t 内的收入差异来自于“环境”因

① 纯“努力”表示剔除“努力”因素中受“环境”影响的部分之后的“努力”，见式(5-2)。

② 这一假定在机会不平等的事后测度方法中是非常普遍的假定（勒弗朗等，2009；切奇和佩拉希内，2010）。

素，而 y^t_{k*} 之间的收入差异来自纯“努力”，即 σ。为此，笔者提供 y^t 的如下平滑分布：

$$y^{tS} = \{y^t_{ki} \cdot \frac{\mu(y^t)}{\mu(y^t_{k*})}\} = \{y^{tS}_{ki}\} \tag{5-7}$$

经过上述平滑过程之后，每个收入等级内部的相对收入差距没有发生变化，但各个收入等级之间的收入差距被消除了。此外，平滑后的收入均值仍为 $\mu(y^t)$。因此，式（5-7）将机会集合 C^t 的收入风险 σ^t 从 $Var(y^t)$ 中分离了出来。y^t 与 y^{tS} 的平均收入相同，因此上述平滑过程不影响机会集 C^t 的预期收入。

接下来，要进行第二步，即利用式（5-7）构造反事实分布。要让式（5-7）中的收入差异体现在最终的反事实分布中，从而反映出“环境”因素导致的异方差性 σ^t。为此，笔者引入阿特金森（1970）提出的均等分布等价收入（equally distributed equivalent level of income）这个概念。均等分布等价收入的大小取决于真实收入分布的不平等程度和真实分布的平均收入水平，因此既可以反映预期收入信息又可反映收入波动信息。y^{tS} 的均等分布等价收入大小如下：

$$y^{tS}_{EDE} = \begin{cases} \left(\frac{1}{N_t}\sum_{k=1}^{K}\sum_{i=1}^{N_{tk}} (y^{tS}_{ki})^{1-\lambda}\right)^{1/(1-\lambda)}, & \lambda \neq 1 \\ \left(\prod_{k=1}^{K}\prod_{i=1}^{N_{tk}} y^{tS}_{ki}\right)^{1/N_t}, & \lambda = 1 \end{cases} \tag{5-8}$$

其中，$\lambda \geqslant 0$ 是阿特金森（1970）提出的不平等厌恶系数。笔者提供反事实分布 y^c 的一种新非参数估计，形式如下：

$$y^c = \{y^{1S}_{EDE}1_{N_1}, \cdots, y^{tS}_{EDE}1_{Nt}, \cdots, y^{TS}_{EDE}1_{N_T}\} \tag{5-9}$$

与切奇和佩拉希内（2010）非参数估计式（5-5）相比，笔者用 y^{tS}_{EDE} 替换了 $\mu(y^t)$。值得一提的是，式（5-5）是式（5-9）的特殊情况，当不平等厌恶系数为 0 时，式（5-9）会退化成式（5-5）；当第 t 类人群中的收入都相等，即 y^t 是一个常向量时，式（5-5）和式

(5 -9)的结果也相同。与式（5 -5）不同的是，式（5 -9）得到的机会不平等大小除了取决于预期的收入水平，还与对应机会集下的风险有关，其结果有可能大于亦有可能小于式（5 -5）的结果。假定各个机会集下的预期收入满足：$\mu(y^1) < \cdots < \mu(y^t) < \cdots < \mu(y^T)$，且不平等厌恶系数不为0。当高预期收入的机会集合面临高风险时，式（5 -9）得到的机会不平等小于式（5 -5）；当预期收入低的机会集合面临高风险时，式（5 -9）的结果大于式（5 -5）①。这一结论的直观含义是，“环境”导致的预期收入差异和风险都应该得到补偿，并且高风险的人群应该得到高预期收入的补偿。

5.3 数据和处理

本章使用的数据分为三部分。第一部分来自中国人民大学中国调查与数据中心提供的中国综合社会调查数据（CGSS）。这套数据从2003年开始，每年进行一次（2007年中断），本章使用的是2003年、2005年、2006年和2008年这四次调查。CGSS调查覆盖了我国28个省市，每年约6000～10000位受访者，是分析中国社会变迁极具代表性的微观数据。本章的第二部分数据来自2002年的中国居民收入调查数据（CHIPS）。CHIPS2002访问了6800多户中的20000多城市居民和9200多户中的37000多农村居民。这套数据是研究中国收入分配问题较为权威的数据。然而，本章的目的不仅仅是测算机会不平等的大小，笔者还希望探讨机会不平等的变化趋势和内在机制。2002～2008年的时间跨度相对于社会变迁而言是比较短的，如此短的时间跨度不利于

① 这一结论的证明比较简单，最直观的情况是假定前 $T-1$ 个机会集下的收入没有差异，即均等分布等价收入等于平均收入，第 T 个机会集下的收入存在差异，故均等分布等价收入小于平均收入。由于第 T 个机会集的平均收入最高，所以用均等分布等价收入替代平均收入后会降低不平等，反之亦然。

笔者分析机会不平等的演化。为了尽可能扩大本章研究的时间跨度，本章选用的第三部分数据来自民政部和中国人民大学社会调查中心于1996年组织的“社会结构与社会现代化”调查。这套数据访问了6000位受访者，覆盖了我国26个省市①。

根据本章的研究目的，笔者最为关注的信息是个人的收入信息和“环境”因素。机会不平等研究的是个体层面上的收入差异，因此笔者需要的是个人层面的收入信息，而不是家庭收入信息。就这一点来看，农村居民不适合本章的研究，因为农村居民的收入以家庭为单位的纯收入为主，而家庭收入是所有家庭成员的机会集和“努力”的结果。这就导致难以界定农村居民的个人收入并将其与个人的机会集合理匹配到一起②。考虑到上述问题的复杂性，本章的研究仅限于城市居民。就居民的收入定义而言，中国作为一个转型的发展中国家，居民的收入结构相当复杂，这是精确估计中国收入差距的主要障碍之一（李实和罗楚亮，2011）。考虑到数据的可获得性以及不同数据间的可比性③，

① 从1996~2008年这个跨度并不是很长，这可能为本书研究机会不平等的趋势带来一定局限。但笔者目前能得到的微观数据中，较早的调查都不适合本书的研究。例如，CHIPS在早期也进行过两次调查，调查年份分别是1988年和1995年。但是这两次调查没有收集受访者的家庭背景信息，因此不适合本书的研究。CHNS也有20世纪80年代末期和90年代初期的数据，但这套数据中的家庭背景信息也相当不完善且样本量较小。

② 即便是以家庭为最微观层面进行研究，也会遇到类似的问题。一方面，并不是所有家庭成员的机会集信息都可以得到（因为调查问卷一般只涉及受访者本人）；另一方面，并不是所有家庭成员的机会集都会影响家庭收入（因为有些家庭成员没有进行有收入的活动）。

③ 事实上，本书所用的三套数据严格来说是两套。“社会结构与社会现代化”调查与中国综合社会调查都由中国人民大学组织进行，两个调查的问卷设计高度一致，调查的许多主要参与人也相同，因此这两套数据不存在太大的可比性问题。CHIPS与CGSS在问卷设计上存在较大差异，其中最为主要的差异就是CHIPS收集的是父母当前的教育和职业信息，虽然父母的教育信息变动的可能性不大，但父母当前的职业可能不是外生的，这有可能会导致数据之间的不可比性。严格来说，为了保证数据的可比性，我们应该避免使用不同的数据集。当然，不使用CHIPS的数据对本书结论的影响并不大，只是在后文的分析中，我们需要一个面板数据证明本书的结论。CHNS数据也是面板数据，但这套数据没有收集家庭背景信息，而且数据只覆盖了我国的9个省份，样本量小，个人收入数据缺失严重。CHIPS2007无法构造面板数据。综上考虑，为了尽可能保证数据的可比性，本书只选用了CHIPS2000的数据（详见后文关于面板数据部分的说明）。需要强调的是，本书分析的是个人收入，因此在收入定义上相对明确，这在一定程度上保证本书数据的可比性。

笔者使用个体的劳动收入作为个人收入的度量。在“社会结构与社会现代化”调查中，居民汇报了自己每个月的工资和奖金收入。CGSS2003 和 CGSS2005 收集了受访者上一个月的工资收入、奖金收入和经营性收入的总和。CGSS2006 询问了受访者上一个月的工资收入和奖金收入总和以及上一年的个人经营性收入。CGSS2008 调查了居民上一年的全年个人职业收入和职业外收入。本章的个人收入定义如下：对于 1996～2005 年的样本，定义受访者上个月的工资、奖金和个人经营性收入总和为其个人收入；对于 2006 年的样本，用受访者上个月的工资收入、奖金收入和上一年经营性收入除以 12 作为个人收入（只有工资收入的受访者经营性收入为 0，反之亦然）；对于 2008 年的样本，笔者将个人收入定义为全年职业收入和全年职业外收入的总和再除以 12。CHIPS2002 除了询问个人 2002 年的全年收入之外，还让受访者回忆前四年的个人收入，同样将年收入转化为月收入[①]。按照通常的方法，笔者剔除了收入信息缺失或收入不为正的个体。

关于个人“环境”因素的选取，实证研究中最常见的是父母的教育和父母的职业。这两类变量对于个体而言是比较外生的，而且对个体进入劳动市场以后的收入有影响。除此之外，性别、出生地点以及种族也常常被作为“环境”的一部分（切奇和佩拉希内，2010；费雷拉和吉纽，2011）。除了种族因素[②]，其余变量都适用于我国的机会不平等研究。值得说明的是，出生地点在我国主要体现为两个层面：一是东西部经济发展水平的差异；二是户籍制度引起的城乡差异。由于本章仅分析城市居民的机会不平等，所以户籍制度差异并不在本章的

① 本书讨论的是相对不平等，用年收入还是用月收入不影响本书的结论，笔者这样定义只是为了统一起见。

② 我国的不同民族也有可能导致机会不平等，但本书使用的数据中少数民族的样本仅占5%左右，而且考虑到本书的样本量问题（见后文的说明），将少数民族作为“环境”变量并不合适。

考查范围之内[①]。本章选用的数据中没有收集受访者及其父母的出生地点信息，因此笔者无法判断受访者是出生在东部还是出生在西部。虽然笔者知道受访者当前居住地点，但是当前居住地点可能是内生的，因为出生在西部地区的受访者有可能通过后天的努力生活在东部。所以，出生地点也不在本章考虑的“环境”因素之内。综上所述，本章最终将机会集定义为父母教育、父母职业和性别[②]。本章选用的数据都收集了受访者父母的教育和职业信息。CGSS 和“社会结构与社会现代化”调查询问了受访者 14 岁时或 18 岁时父母的教育和职业情况以及受访者父母当前的教育和职业状况。选用受访者 14 岁或 18 岁时父母的教育和职业情况作为“环境”变量。一方面，青少年时的“环境”变量更符合外生的假定；另一方面，使用青少年时的“环境”变量可以避免受访者父母已经过世导致的样本缺失。CHIPS 询问了每个家庭成员当前的教育和职业情况以及户主和配偶父母当前的教育和职业情况。为了尽可能扩大样本量，笔者将户主的子女也作为研究对象，因为这部分个体的“环境”变量就是户主和和配偶的教育和职业情况。

由于问卷设计原因，职业和教育的分类方式在不同年份间有所变化，为了便于分析，笔者需要对各样本中的职业和教育进行统一的定义。将职业划分为高层、中层、低层三类。“社会结构与社会现代化”调查、CGSS2005 和 CGSS2006 的数据中包含了父母的具体职业详细信息和职业代码。将高阶层职业定义为国家权力机关、企事业单位、司法机关、各级政府机构与部门、民主党派、科教文卫机构等负责人、各个企业经理或部门主管、各类科研人员和专业技术人员等；将中阶层职业界定为各行业服务人员、生产加工人员、种植和饲养人员、维

① 户籍制度引起的收入差异显然是不合理的，因此将户籍作为“环境”变量不仅非常合理也非常有意义。但问题在于，如何定义农村居民的个人收入。就本书探讨的机会不平等问题而言，用农村家庭人均纯收入是极不合理的，因为人均家庭收入包含着所有家庭成员“努力”和“环境”信息。

② 个人身高、兄弟姐妹数、父母收入层次等也是重要的“环境”因素。但这些信息并不完备，只在部分年份中有，为了保证各年间的机会集相同，本章也没有考虑这些因素。

修装备人员、非正规就业人员和其他不易分类的人员；低阶层职业是农民。CGSS2003 和 CGSS2008 没有具体的职业信息，但收集了非农职业以及非农职业的单位性质和所有制性质。将高阶层职业定义为区县级及以上党政机关、市级及以上国有企事业单位、省级及以上集体企业、个体经营业主等；将中阶层职业定义为乡镇党政机关、市级以下国有企事业单位、省级以下集体企业、非正规就业、兼职务农等；低阶层职业为农民。CHIPS 问卷将职业划分 12 类。依据这一划分，将机关、企事业单位部门负责人、机关、企事业单位负责人、各类专业技术人员、私营企业主（经理）划分为高阶层；将办事人员、技术工人、非技术工人、商业和服务业人员和不便分类的其他劳动者划分为中阶层；将农民和非就业者划分为低阶层。本章的职业等级划分与高勇（2009）提出的中国社会阶层划分方法是相符的[①]。本章同样将教育程度分为三个等级。由于大部分受访者父母接受的教育程度比较低，接受高中及以上教育的人非常少，故本章将最低层教育程度定义为未接受过正式教育、中层定义为小学（包括私塾）文化程度、高层为中学及以上文化程度[②]。笔者删除了父母职业均缺失的个体和父母教育均缺失的个体。最后，按照通常的处理方法，本章的实证研究对象限定在 18 ~65 岁之间的个体。（如表 5 -1 所示）[③]

本章的职业和教育划分方法在很大程度上是受样本量的限制。按本章的“环境”变量可以将个体划分为 162 类（3 ×3 ×3 ×3 ×2），如此高的分类对样本量有较高的要求。考虑到除 2002 年之外，其余年份

---

① 在机会不平等研究中，父母职业通常被分为 2 ~3 类（费雷拉和吉纽，2011；哈信，2011）。社会学研究在按职业划分社会阶层时虽然更为细致，但高勇（2009）指出西方的社会阶层分类方法不适合转型期的中国，研究中的社会流动时，阶层的划分易粗不易细。

② 考虑到我国教育体制改革，人们的平均教育水平有所提高。笔者也尝试了其他两种教育划分方式：第一，在除 1996 年之外的年份中，将最低层教育定义为未接受过正式教育、中层为接受过小学（包括私塾）和初中教育、高层为高中及以上文化程度；第二，将所有年份的教育划分都统一为上面的方式。不同的划分方式得到的基本结论是一致的。

③ 为了尽可能缩小估计偏误，笔者对个人收入中的离群值进行了修正。在本书的初稿中，没有对离群值进行处理，但两种情况下的主要结果几乎没有差别。

表 5-1　　　　主要变量统计性描述

年份		1996	2002	2003	2005	2006	2008
个人收入（元）		468.80	909.53	924.86	1094.5	1410.5	1718.8
性别		0.4078	0.4994	0.4724	0.5288	0.4796	0.4802
年龄		39.702	43.139	42.775	40.762	38.961	41.073
父亲教育：	高	0.4336	0.2177	0.3724	0.4126	0.4407	0.4029
	中	0.2785	0.5236	0.3559	0.3222	0.3557	0.3510
	低	0.2879	0.2587	0.2716	0.2653	0.2036	0.2461
母亲教育：	高	0.2394	0.1226	0.2229	0.2665	0.2805	0.2591
	中	0.1315	0.2537	0.2703	0.2735	0.3592	0.2966
	低	0.6291	0.5237	0.5068	0.4600	0.3603	0.4443
父亲职业：	高	0.2258	0.3095	0.4235	0.1912	0.1704	0.4306
	中	0.3684	0.5000	0.2363	0.3855	0.4981	0.2467
	低	0.4058	0.1905	0.3402	0.4233	0.3315	0.3227
母亲职业：	高	0.1116	0.1098	0.2077	0.0930	0.0679	0.2770
	中	0.2653	0.4267	0.1763	0.2412	0.5660	0.3115
	低	0.6231	0.4634	0.6160	0.6658	0.3661	0.4115
样本量		2551	13996	4151	4796	3501	2922

数据来源：1996 年数据来自民政部和中国人民大学社会调查中心提供的“社会结构与社会现代化”调查；2003～2008 年数据来自中国人民大学中国调查与数据中心提供的中国综合社会调查；2002 年数据来自中国居民收入调查数据，下表同。

的样本量均在 2000～5000 之间。为了克服样本量较小这一问题，笔者参照切奇和佩拉希内（2010）的方法，按父母最高职业、父母最高教育和性别将个体分为 18 类。表 5-2 是各年的分类以及每一类中包含的样本量情况。从表 5-2 可以看出，虽然本章将样本划分为 18 类，但在部分年份中仍然存在样本量较小的类，例如，1996 年样本量最小的类仅为 5 人。虽然本章的分类方法是出于样本量的考虑，但本章的分类仍然比部分既有的研究要更仔细（勒弗朗等，2009；切奇和佩拉希内，2010）。

表 5－2　各年的分类情况

年份	1996	2002	2003	2005	2006	2008
平均人数	125.1	741.8	230.6	266.4	194.5	162.3
最大人数	279	1998	512	451	436	439
最小人数	5	39	80	24	14	68
组数	18	18	18	18	18	18

5.4　机会不平等估计的经验结果与分析

本章的实证部分选用的三种反事实分布构建技术分别是切奇和佩拉希内（2010）的非参数方法、费雷拉和吉纽（2011）的非参数与参数相结合方法以及本章提出的技术方法式（5－9）。在笔者提供的技术方法中存在两个要事先确定的参数：一是不平等厌恶系数；二是对每一类人群按收入的等分数。笔者将不平等厌恶系数的值设为 1，将等分数设定为 5①。选用的不平等指标是基尼系数②。本章将从机会不平等的绝对值 $I(y^c)$ 和相对值 $I(y^c)/I(y)$ 这两个方面进行分析。

5.4.1　总体机会不平等测度结果

笔者首先分析 1996～2008 年中国城市居民个人收入中机会不平等的总体情况和变化趋势。机会不平等和收入不平等的估计结果被报告

① 等份数设为 5 是出于本书的样本量考虑。表 5－2 说明，本书各年的样本中样本容量最小的类在 5～80 之间。因此，对每一类进行大于 5 的等分并不是很合适。不平等厌恶系数的常用值为 1、1.5 和 2。考虑到本书对每一类人群进行 5 等分有些粗糙，无法完全消除“努力”因素。因此，笔者将不平等厌恶系数设为 1，以免对每一类人群的收入差异反应过于敏感，进而错误地将“努力”视为“环境”。当然，笔者也尝试将不平等厌恶系数设为 1.5 和 2。

② 本章的所有结果都同时用泰尔指数重复过一次，用泰尔指数估计的各类机会不平等数值较小，但文中涉及的各种趋势和差异在两种指标下的结论基本一致，故仅在文中报告一种结果。

在表5-3中。各年基尼系数的估计结果表明，在1996~2008年的十多年内，我国城市居民的个人收入不平等在不断加剧。需要指出的是，本章用的是个人收入，相应的基尼系数测算与大多研究中用家庭人均收入得到的结果略有差异，但基尼系数变大的趋势与大量既有的研究结论是一致的（李实和罗楚亮，2011）。这也在一定程度上说明了本章对个人收入的度量是合理的。

笔者重点关注的是个人收入不平等中的机会不平等成分。Panel A中报告的是机会不平等的测算结果。三种不同的反事实分布构造技术得到的结果都表明，中国城市居民在获取个人收入时面临的机会不平等在过去十多年内呈现出明显的上升趋势。这说明，“环境”因素在获取个人收入中的作用在变大，拥有机会优势的居民更有可能获得更高的个人收入。这一结论也体现了中国城市居民的社会流动性呈现出固化现象。收入不平等和机会不平等在同一时期内都在加剧，机会不平等在收入不平等中的相对作用如何变化呢？Panel B进一步报告了机会不平等与收入不平等的比值。机会不平等的相对值变化趋势取决于机会不平等的增长速度和个人收入不平等的增长速度。机会不平等的增长并不意味着个人收入不平等必然有相同程度的增长，反之亦然。因此，机会不平等与收入不平等的比值波动稍大是合理的现象。但笔者仍然可以看出机会不平等相对值在波动中不断上升，这一点也可以从图5-1中更清楚地看到。上述结论说明，中国城镇居民在获取个人收入时的机会不平等程度不仅在上升，而且其上升的速度比个人收入不平等本身的上升速度更快。换言之，个人自身可控的因素，如工作中的努力程度，在个人收入差异中的角色在淡化。

表5-3　　机会不平等测度结果

年份	1996	2002	2003	2005	2006	2008
基尼系数	0.3081 (0.0064)	0.3644 (0.0025)	0.4267 (0.0068)	0.4498 (0.0073)	0.4399 (0.0068)	0.4567 (0.0088)

续表

年份	1996	2002	2003	2005	2006	2008
Panel A：机会不平等绝对值						
反事实 1	0. 0844 (0. 0071)	0. 0972 (0. 0036)	0. 1198 (0. 0073)	0. 1464 (0. 0083)	0. 1169 (0. 0112)	0. 1532 (0. 0106)
反事实 2	0. 0780 (0. 0067)	0. 1064 (0. 0033)	0. 1110 (0. 0069)	0. 1480 (0. 0074)	0. 1346 (0. 0074)	0. 1558 (0. 0085)
反事实 3	0. 0812 (0. 0068)	0. 1027 (0. 0035)	0. 1190 (0. 0074)	0. 1466 (0. 0080)	0. 1209 (0. 0108)	0. 1544 (0. 0103)
Panel B：机会不平等相对值						
反事实 1	0. 2739 (0. 0208)	0. 2668 (0. 0093)	0. 2807 (0. 0160)	0. 3255 (0. 0170)	0. 2658 (0. 0252)	0. 3355 (0. 0210)
反事实 2	0. 2533 (0. 0210)	0. 2919 (0. 0086)	0. 2602 (0. 0161)	0. 3290 (0. 0162)	0. 3059 (0. 0170)	0. 3412 (0. 0180)
反事实 3	0. 2637 (0. 0202)	0. 2819 (0. 0088)	0. 2790 (0. 0162)	0. 3260 (0. 0163)	0. 2748 (0. 0242)	0. 3382 (0. 0205)
样本量	2251	13996	4151	4796	3501	2922

反事实 1、反事实 2、反事实 3 分别表示用切奇和佩内罗内（2010）、费雷拉和吉诺（2011）和本章构造的反事实分布方法。括号中报告的数值为 Boostrap 200 次得到的标准误，下表同。

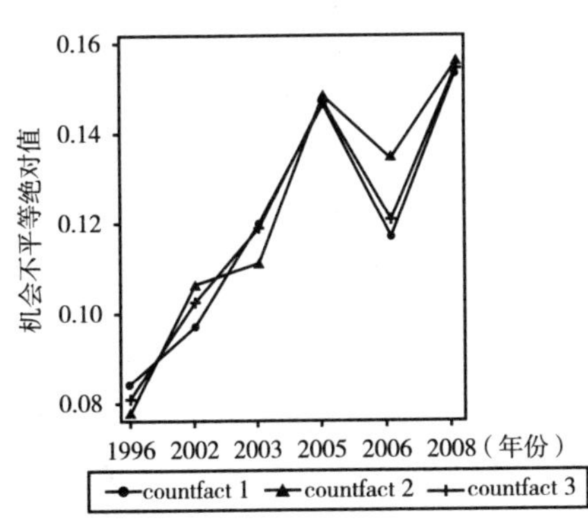

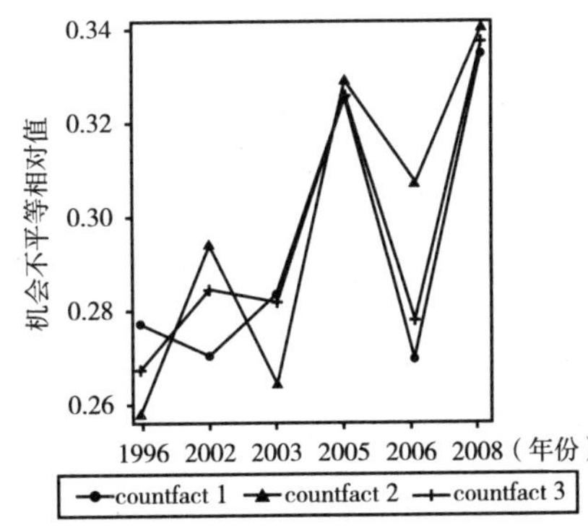

图 5－1　机会不平等变化趋势

5.4.2 不同年龄组人群的机会不平等

前面的结果表明，我国城市居民的机会不平等在过去十多年间不断加剧，这些结论恰好呼应了学者和政策制定者们对机会公平问题的重视（陈国军和殷耀，2008），也与张和埃里克森（2010）用我国九省数据估计的结果相似。接下来，笔者将各年的总样本按年龄进行分解，探讨不同年龄组人群面临的机会不平等差异。例如，中年人面临的机会不平等和年轻人是否相同？如果不同，这种差异的背后机制是什么？这对于我们进一步了解机会不平等的结构特征有重要意义。首先，根据前面的结论，一个非常自然的猜测是：随着机会不平等的加剧，机会不平等对年青一代人的影响更为严重。但接下来的分析却否定了这种臆测。

在数据比较理想的情况下，可以估算每一年中各个年龄人群的机会不平等。但这需要每个年龄点上都有大量的观测值。考虑到本章的样本量不是足够大，过细的划分会严重降低估计结果的效率和精确性，故笔者将每一年的样本分为三个年龄段：一是 18 ~33 岁刚进入劳动市场不久的个体；二是 34 ~49 岁处于职业比较稳定时期的个体；三是 50 ~65 岁即将退出劳动市场的个体。这样处理既满足本章探讨不同年龄组人群的机会不平等差异的需要，也和劳动经济学中关于个人一生的收入变化模式划分相符合（博马克和林德奎斯特，2006）。

表 5 –4 和表 5 –5 分别是各个年龄阶段人群的个人收入机会不平等绝对值和相对值估计结果。表 5 –4 的第 2 ~4 列报告了各年中各个年龄组人群内部的个人收入不平等情况。基尼系数的估算结果表明，每个年龄组的组内个人收入不平等在同一年的三个年龄组之间差别并不是很大。然而，不同年龄组人群在获取个人收入时面临的机会不平等确存在较大差异。笔者首先分析各个年龄组之间的机会不平等绝对值差异。为了便于观察，我们将这些结果绘制在图 5 –2 中。图 5 –2

呈现出一个非常有意思的现象：同一年内的机会不平等在高年龄组中更大。这与笔者前面的结论似乎有些矛盾，因为前面的结果说明，机会不平等随着时间的推移在加剧，这意味着年青一代人面临更为严重的机会不平等，而这一推测与图 5－2 的结果恰恰相反。进一步观察可以发现，各年里不同年龄组的机会不平等呈现出极为相似的变化趋势。更具体地，除 1996 年的结果之外，其余各年均呈现为倒 V 形，即机会不平等从低年龄组到中等年龄组有一个快速增长，然后是平缓地增长甚至下降。由于同一年内的个人收入不平等在不同年龄段间的变化较小。所以，不同年龄段的机会不平等相对值变化趋势与图 5－2 非常相似，亦呈现出倒 V 形。上述结果说明，在给定年份内，中高年龄组人群（34～65 岁）在获取个人收入的过程中比低年龄组人群（18～33 岁）面临着更严重的机会不平等。值得说明的是，同一年内的基尼系数在各个年龄段之间变化不大，这间接地证明了图 5－2 中的结果并不是由于其他没有观测到的原因导致，否则我们会看到个人收入不平等也表现出与图 5－2 类似的趋势。最后，表 5－4 显示，各个年龄组人群的机会不平等会随着时间的变化都呈现出上升趋势，尤其是 18～33 岁和 34～49 岁这两个年龄组的机会不平等有较为明显的上升趋势。这

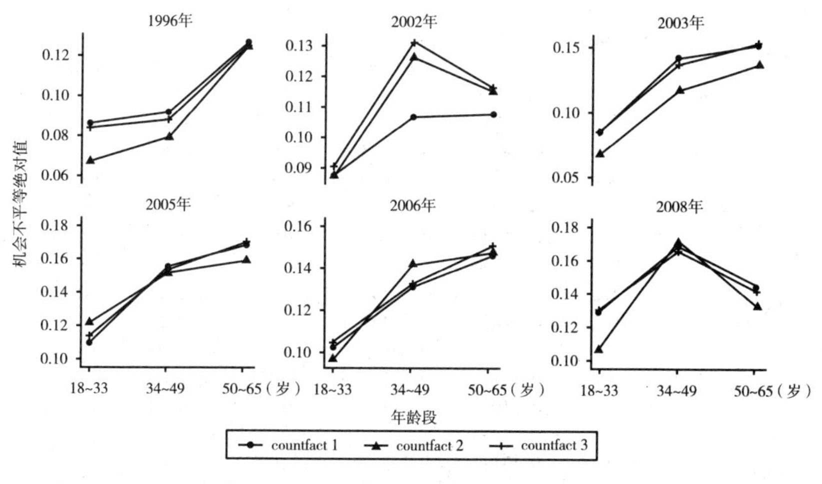

图 5－2　机会不平等分年龄段估计

说明，城市居民面临的机会不平等随着时间推移而不断加剧的基本结论在表5-4中仍然成立。然而，机会不平等的增加在不同年龄组间呈现出不同的特点，接下来笔者将探讨这一点。

表5-4　不同年龄组的机会不平等绝对值

年龄段	18~33	34~49	50~65	18~33	34~49	50~65
	基尼系数			反事实1		
1996年	0.3159 (0.0106)	0.2951 (0.0092)	0.3211 (0.0102)	0.0857 (0.0115)	0.0911 (0.0106)	0.1267 (0.0155)
2002年	0.3984 (0.0070)	0.3610 (0.0033)	0.3442 (0.0044)	0.0873 (0.0086)	0.1066 (0.0051)	0.1076 (0.0064)
2003年	0.4466 (0.0122)	0.4304 (0.0098)	0.3971 (0.0114)	0.0845 (0.0176)	0.1415 (0.0123)	0.1514 (0.0122)
2005年	0.4544 (0.0110)	0.4518 (0.0120)	0.4239 (0.0145)	0.1087 (0.0129)	0.1547 (0.0139)	0.1680 (0.0179)
2006年	0.4210 (0.0139)	0.4351 (0.0100)	0.4701 (0.0176)	0.1020 (0.0148)	0.1313 (0.0144)	0.1460 (0.0240)
2008年	0.4281 (0.0138)	0.4795 (0.0139)	0.4280 (0.0145)	0.1281 (0.0182)	0.1682 (0.0168)	0.1444 (0.0184)
	反事实2			反事实3		
1996年	0.0668 (0.0108)	0.0789 (0.0097)	0.1254 (0.0142)	0.0836 (0.0118)	0.0878 (0.0103)	0.1256 (0.0154)
2002年	0.0873 (0.0095)	0.1261 (0.0051)	0.1155 (0.0069)	0.0904 (0.0089)	0.1131 (0.0050)	0.1163 (0.0064)
2003年	0.0673 (0.0148)	0.1167 (0.0102)	0.1364 (0.0110)	0.0851 (0.0180)	0.1365 (0.0122)	0.1529 (0.0126)
2005年	0.1212 (0.0132)	0.1510 (0.0102)	0.1589 (0.0145)	0.1135 (0.0125)	0.1525 (0.0127)	0.1693 (0.0171)
2006年	0.0966 (0.0102)	0.1417 (0.0107)	0.1478 (0.0182)	0.1043 (0.0146)	0.1321 (0.0142)	0.1509 (0.0237)
2008年	0.1061 (0.0140)	0.1711 (0.0128)	0.1327 (0.0156)	0.1295 (0.0180)	0.1666 (0.0159)	0.1414 (0.0188)

为了解释图 5－1 和图 5－2 中的现象，笔者首先依据这些现象提出一个假想，这个假想刻画了机会不平等随时间和年龄变化的特征。然后，再利用面板数据和出生队列（cohort）数据对上述假想进行佐证。

首先，笔者提出这样的设想：假定“环境”因素导致的收入不平等并不是在人们一进入劳动市场时就即刻充分地反映出来，而是需要一个积累过程。因此，对于同一代人而言，机会不平等从人们进入劳动市场开始逐渐增加，并且增长的速度在减缓，然后在人们即将退出劳动市场时停止增长。笔者的上述设想是符合现实规律的。对于一个个体而言，其家庭背景最终转化成个人收入需要时间；机会不平等导致人们进入劳动市场的起点不同和进入劳动力市场后的发展轨迹不同，这些差异也需要一定的时间才能最大化收入差异。例如，改革开放以后，中国人际关系的“初级化”（王思斌，1996）为家庭背景影响个体进入劳动市场时的职业（起点不同）创造了条件，随着社会转型和制度的变迁，家庭背景又会影响个人在劳动市场中的发展轨迹［如下岗和进入高收入行业（陈钊等，2009）］，这些差异最终会累积为较高的收入差异①。但是机会不平等不太可能呈线性增长。因为“环境”因素能够影响的资源是有限的，其对个人收入的作用更有可能呈现边际递减的形式。

根据笔者的假设，机会不平等的变化路径有可能呈现为图 5－3 所示的形式。在图 5－3 中，笔者绘制了三个出生组人群的机会不平等变化路径。最左边的实线为最早出生的人群，最右边的虚线为最晚出生的人群，先出生的人群先进入劳动市场。此外，三个出生组人群刚进入劳动市场时的机会不平等随着出生年份的先后依次递增。最后，为了简单起见，图 5－3 假定各个出生组的机会平等增长趋势相同。图 5－3 可以反映出图 5－1 和图 5－2 中呈现出的特征。首先，随着时间的推移，社会总人群的机会不平等在加剧。这是因为后出生的一代人总是比先出生的一代

① 本书部分样本在 20 世纪 80 年代以前进入劳动力市场。计划经济时期实行接班制，因此计划经济时的机会不平等可能是相当严重的。然而，本章受数据的限制无法探讨这一点。

面临更高的机会不平等起点，在机会不平等增长趋势相同的假定下，很容易得到总人群机会不平等加剧这一结论。其次，在给定的某一时点上，先出生的人群比后出生的人群面临更严重的机会不平等。

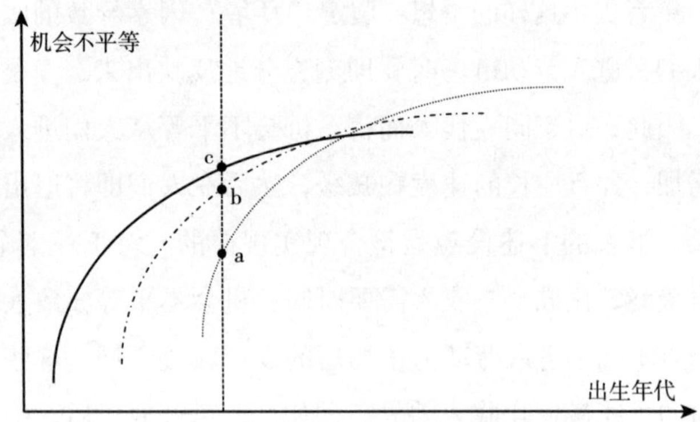

图 5－3　一个设想的机会不平等变化路径

这是因为先出生的人群经过了更长时间的机会不平等增长。虽然先出生的人群在刚进入劳动市场时的机会不平等更低，但长时间增长的累积结果仍然使得他们比年轻人面临更严重的机会不平等。这一点可以从图 5－3 中直接观察出来。图中的 a、b、c 三点表示在给定的年份内三组人的机会不平等情况。a 与 b 之间的距离表示低年龄组与中等年龄组之间的机会不平等差异，b 与 c 之间的距离表示中等年龄组与高年龄组之间的机会不平等差异。从图上的距离可以清楚地看到，三个年龄组之间的机会不平等差异呈现倒 V 形，即先大幅增长再缓慢增长。事实上，将图中的垂直虚线适当地向右移动，笔者还会观察到三个年龄组之间的机会不平等差异先大幅增长再缓慢下降。这都与图 5－2 中呈现出的特征一致①。对于图 5－3 还有两点需要说明，第一，表 5－5 中的结果呈现出与图 5－2 非常相似的趋势。因此，图 5－3 也可以用

① 如果进一步将图中的垂直虚线向右移到最后一个曲线交点的右边，这时三个年龄组的机会不平等相对大小与笔者的实证结果正好相反，但这与笔者的结论并不矛盾。因为，最右边的比较涉及的三个年龄组的年龄都在非常高的水平上，这在本书中没有体现出来。

于解释不同年龄段间的机会不平等相对值差异，即纵坐标可以换为机会不平等的相对值。第二，由于数据本身限制，本章的年龄段划分较为粗糙，难以进行非常精细的比较。因此，图5-3只是提供了一种可能的解释。事实上，如果机会不平等的路径先增长，然后在即将退出劳动力市场时缓慢下降，并在退休后维持一个稳定水平（这一水平仍然可能高于他们刚进入劳动市场时的机会不平等水平）。这种路径也可以解释图5-2的结果。笔者在后面的面板数据分析中仍然会讨论这一点。

表5-5　不同年龄组的机会不平等相对值

年份	1996	2002	2003	2005	2006	2008
反事实1						
18~33	0.2713	0.2192	0.1891	0.2393	0.2422	0.2993
	(0.0336)	(0.0204)	(0.0376)	(0.0276)	(0.0329)	(0.0364)
34~49	0.3086	0.2953	0.3287	0.3424	0.3017	0.3508
	(0.0300)	(0.0130)	(0.0242)	(0.0248)	(0.0310)	(0.0287)
50~65	0.3945	0.3125	0.3812	0.3962	0.3106	0.3374
	(0.0440)	(0.0175)	(0.0246)	(0.0385)	(0.0488)	(0.0351)
反事实2						
18~33	0.2114	0.2191	0.1506	0.2667	0.2295	0.2479
	(0.0337)	(0.0234)	(0.0337)	(0.0297)	(0.0244)	(0.0309)
34~49	0.2673	0.3494	0.2712	0.3341	0.3256	0.3568
	(0.0310)	(0.0131)	(0.0232)	(0.0220)	(0.0235)	(0.0259)
50~65	0.3907	0.3355	0.3435	0.3748	0.3145	0.3101
	(0.0404)	(0.0188)	(0.0263)	(0.0341)	(0.0384)	(0.0347)
反事实3						
18~33	0.2646	0.2269	0.1906	0.2498	0.2477	0.3025
	(0.0351)	(0.0218)	(0.0387)	(0.0268)	(0.0320)	(0.0359)
34~49	0.2975	0.3133	0.3127	0.3374	0.3036	0.3475
	(0.0297)	(0.0130)	(0.0241)	(0.0228)	(0.0304)	(0.0266)
50~65	0.3912	0.3377	0.3851	0.3994	0.3209	0.3304
	(0.0434)	(0.0170)	(0.0258)	(0.0358)	(0.0481)	(0.0357)

笔者对机会不平等路径的设想与人们对现实的感知是相符的，也很好地解释了图5－1和图5－2中的现象。但要证明笔者的设想正确与否还需要更严谨的数据分析来支持。证明图5－3的最理想数据是大量的微观长期面板数据，以保证笔者可以观测到一代人进入劳动力市场之后的机会不平等路径。遗憾的是，如此大量的微观面板数据并且要求有详细的个人家庭背景变量，这是非常难以实现的。然而，笔者仍然可以找到一些证据说明图5－3的合理性。例如，表5－4显示，18～33岁的人群面临的机会不平等有明显的加剧趋势，这在一定程度上说明了晚出生的人群在刚进入劳动市场时就面临较高的机会不平等。当然，由于数据的限制，笔者的年龄组划分比较粗糙，这使得难以剔除机会不平等累积的影响。

在长期的面板数据不可得的情况下，笔者可以通过两种途径检验机会不平等的增长路径。第一，用横截面数据构造出生队列数据，观察同一出生队列在不同时点上的机会不平等变化趋势。第二，用短期面板数据分析机会不平等增长路径的某一段是否与图5－3相符。

考虑到样本量问题，出生队列的出生年份跨度不能太小，否则同一出生队列中的个体太少，难以精确估计机会不平等。本章样本中的个体出生年份在1931～1990年，较早年份出生的人群没有包含在后期的样本中（因为各年样本限制在65以下），较晚年份出生的人群没有包含在前期的样本中。综上考虑，笔者选择了两个出生队列：一是1943～1960年出生的人群；二是1961～1978年出生的人群①。表5－6是用这两个出生队列估计的结果。由于同一出生队列在进入劳动力市场时的机会不平等差别很小，所以表5－6中各年间的机会不平等差异是由机会不平等的增长路径引起的。表5－6显示，两个出生队列的机

① 这两个出生队列包含在本书的6个横截面数据中，其中，1961～1978年出生的人群在1996年时为18～35岁，然后依次为24～41岁（2002年）、25～42岁（2003年）、27～44岁（2005年）、28～45岁（2006年）和30～47岁（2008年）；1943～1960年出生的人群在1996年时为36～53岁，然后依次为42～59岁（2002年）、43～60岁（2003年）、45～62岁（2005年）、46～63岁（2006年）和48～65岁（2006年）。

会不平等都呈现出增长趋势，且先出生的队列的机会不平等增长趋势相对平缓。这与图5-3是相符的。

表5-6 出生队列数据估计结果

年份	1996	2002	2003	2005	2006	2008
Panel A：1961～1978年出生						
基尼系数	0.3093 (0.0096)	0.3652 (0.0039)	0.4430 (0.0096)	0.4447 (0.0100)	0.4373 (0.0093)	0.4749 (0.0125)
反事实1	0.0815 (0.0108)	0.0916 (0.0054)	0.0999 (0.0117)	0.1551 (0.0131)	0.1313 (0.0137)	0.1696 (0.0152)
反事实2	0.0615 (0.0098)	0.1074 (0.0057)	0.0915 (0.0104)	0.1589 (0.0094)	0.1368 (0.0098)	0.1721 (0.0120)
反事实3	0.0784 (0.0107)	0.0976 (0.0055)	0.0969 (0.0111)	0.1554 (0.0122)	0.1326 (0.0133)	0.1706 (0.0148)
Panel B：1943～1960年出生						
基尼系数	0.2995 (0.0097)	0.3602 (0.0031)	0.4151 (0.0099)	0.4419 (0.0114)	0.4564 (0.0141)	0.4275 (0.0139)
反事实1	0.0935 (0.0113)	0.1092 (0.0051)	0.1408 (0.0107)	0.1702 (0.0160)	0.1370 (0.0210)	0.1367 (0.0181)
反事实2	0.0844 (0.0108)	0.1200 (0.0054)	0.1302 (0.0104)	0.1554 (0.0132)	0.1448 (0.0160)	0.1273 (0.0154)
反事实3	0.0914 (0.0096)	0.1160 (0.0048)	0.1395 (0.0101)	0.1703 (0.0118)	0.1411 (0.0149)	0.1368 (0.0153)

笔者还可以用短期的面板数据验证图5-3。CHIPS2002的调查中询问了受访者过去4年的个人收入情况。利用这套数据可以构造一个5年的面板数据。为此，笔者用1998～2002年都有正收入的受访者估计他们的机会不平等情况。表5-7是利用面板数据估计得到的机会不平等绝对值和相对值结果，为了便于观察，将表5-7中的机会不平等绝对值估计结果绘制在图5-4中。从全部面板样本的估计结果看，机会不平等在1998～2002年的5年间内稳步增长且增长速度在逐渐放缓。

进一步地，笔者将面板样本按2002年的年龄分为三段，并分别估计每一年龄段人群的机会不平等。结果表明，低年龄组的机会不平等在最初的两年内变化不明显，但在随后的两年出现明显的增长。中等年龄组的机会不平等增长趋势最为明显，且增长速度有逐渐减缓的趋势。高年龄组的机会不平等呈现出下降的趋势，但机会不平等的绝对值仍然大于前两个年龄组。这说明机会不平等在人们即将退出劳动力市场的时段内有所下降，其原因可能是这一年龄段的人们由于自身的精力和能力的下降，导致他们对机会优势的利用效率下降。然而，最初的机会优势仍然存在，所以这部分人群的机会不平等仍然处于一个较高的水平。假定样本中个体的家庭背景变量没有发生变化（例如，受访者父母的教育情况一般是不变的）。如果机会不平等不存在前面所说的累积效应，那么笔者从收入不平等中分离出来的机会不平等应该是一个比较稳定的值。但求证出的结果否定了这一情况，而且面板数据得到的结果与图5－3中的机会不平等增长路径比较相符。总结出生队列和面板数据的估计结果，我们可以发现，机会不平等的确呈现出一定程度的累积现象。

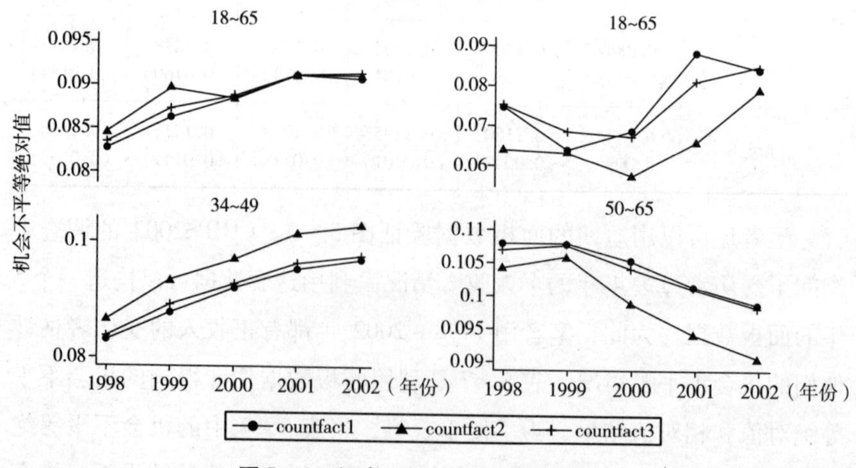

图5－4　机会不平等的面板数据估计

表 5-7　机会不平等面板数据估计

	机会不平等绝对值				机会不平等相对值			
年龄	18～65	18～33	34～49	50～65	18～65	18～33	34～49	50～65
反事实 1								
1998	0.083 (0.004)	0.074 (0.009)	0.083 (0.006)	0.108 (0.009)	0.242 (0.011)	0.216 (0.025)	0.240 (0.017)	0.325 (0.021)
1999	0.086 (0.003)	0.063 (0.009)	0.088 (0.005)	0.108 (0.008)	0.259 (0.010)	0.187 (0.027)	0.263 (0.014)	0.327 (0.021)
2000	0.089 (0.003)	0.068 (0.010)	0.092 (0.005)	0.105 (0.007)	0.266 (0.010)	0.210 (0.022)	0.274 (0.014)	0.319 (0.020)
2001	0.091 (0.004)	0.088 (0.020)	0.095 (0.006)	0.101 (0.006)	0.267 (0.012)	0.252 (0.045)	0.275 (0.016)	0.309 (0.018)
2002	0.091 (0.004)	0.084 (0.008)	0.097 (0.005)	0.099 (0.006)	0.264 (0.010)	0.236 (0.022)	0.279 (0.014)	0.297 (0.017)
反事实 2								
1998	0.085 (0.003)	0.064 (0.008)	0.087 (0.004)	0.104 (0.005)	0.247 (0.009)	0.185 (0.024)	0.251 (0.012)	0.313 (0.015)
1999	0.090 (0.003)	0.063 (0.009)	0.093 (0.004)	0.106 (0.006)	0.268 (0.010)	0.185 (0.029)	0.279 (0.012)	0.320 (0.016)
2000	0.089 (0.003)	0.057 (0.010)	0.097 (0.004)	0.099 (0.006)	0.265 (0.009)	0.173 (0.030)	0.288 (0.012)	0.300 (0.016)
2001	0.091 (0.003)	0.066 (0.009)	0.101 (0.005)	0.094 (0.006)	0.266 (0.010)	0.187 (0.028)	0.292 (0.013)	0.287 (0.016)
2002	0.091 (0.003)	0.079 (0.010)	0.103 (0.005)	0.090 (0.006)	0.265 (0.009)	0.222 (0.027)	0.297 (0.012)	0.272 (0.016)
反事实 3								
1998	0.084 (0.003)	0.075 (0.009)	0.084 (0.005)	0.107 (0.007)	0.244 (0.010)	0.218 (0.024)	0.242 (0.014)	0.321 (0.018)
1999	0.087 (0.003)	0.068 (0.009)	0.089 (0.005)	0.108 (0.007)	0.261 (0.010)	0.201 (0.027)	0.267 (0.013)	0.326 (0.018)
2000	0.089 (0.003)	0.067 (0.008)	0.093 (0.005)	0.104 (0.007)	0.267 (0.010)	0.205 (0.023)	0.276 (0.013)	0.316 (0.010)
2001	0.091 (0.004)	0.081 (0.014)	0.096 (0.005)	0.101 (0.006)	0.267 (0.011)	0.230 (0.032)	0.278 (0.015)	0.308 (0.017)
2002	0.091 (0.003)	0.085 (0.008)	0.098 (0.005)	0.098 (0.006)	0.266 (0.010)	0.239 (0.023)	0.282 (0.014)	0.296 (0.016)

5.4.3 机会不平等的性别差异

在前面的讨论中，笔者将性别作为一个“环境”因素与父母教育和职业同时用于样本的分类。然而，女性和男性在就业和职业选择时存在很大差异。例如，用人单位往往对女性的能力预期存在偏见，因而拒绝或避免招收女性劳动者（姜向群，2007）。这意味着家庭背景有可能在女性劳动者就业时起到重要作用，因为父母掌握的经济和社会资源可以帮助她们越过用人单位设置的性别“壁垒”。因此，将男性和女性样本分别处理有助于我们更深刻地认识我国城市居民在获取个人收入时的机会不平等特征。

表5－8是按性别分样本估计的结果。首先，男性和女性的个人收入不平等以及在获取个人收入时所面临的机会不平等都有加剧的趋势，且机会不平等的增加速度大于收入不平等的上升速度。这说明，无论是男性还是女性，家庭背景都在获取个人收入中扮演着越来越重要的角色。其次，大部分估计结果都说明家庭背景在女性的个人收入不平等中占据比男性更大的成分。这可能是由于女性在劳动力市场上的劣势地位所致。一方面，男性的职业选择范围往往比女性更宽，因此男性可以通过在不同职业间的流动缓解家庭背景对个人收入的影响。另一方面，女性在就业和职业选择中的劣势为家庭背景影响女性个人收入提供了条件，家庭背景好的女性往往可以得到更多更优的职业信息并成功越过性别“壁垒”。而那些家庭背景不好的女性往往只能“拥挤”在少数职业范围内，这种“拥挤”导致女性只能获得较低的职业工资水平，进而引起较为严重的机会不平等。

表5-8 机会不平等分性别估计

指标	基尼系数		反事实1		反事实2		反事实3	
性别	女性	男性	女性	男性	女性	男性	女性	男性
Panel A：机会不平等绝对值								
1996	0.2847 (0.0081)	0.3114 (0.0082)	0.0460 (0.0091)	0.0522 (0.0085)	0.0535 (0.0098)	0.0498 (0.0075)	0.0435 (0.0088)	0.0485 (0.0079)
2002	0.3700 (0.0039)	0.3466 (0.0038)	0.0677 (0.0051)	0.0449 (0.0050)	0.0729 (0.0064)	0.0471 (0.0047)	0.0710 (0.0056)	0.0454 (0.0048)
2003	0.4278 (0.0095)	0.4180 (0.0092)	0.1218 (0.0119)	0.0793 (0.0108)	0.1062 (0.0101)	0.0728 (0.0092)	0.1226 (0.0110)	0.0790 (0.0105)
2005	0.4547 (0.0102)	0.4289 (0.0111)	0.1604 (0.0128)	0.0715 (0.0103)	0.1469 (0.0096)	0.0732 (0.0080)	0.1593 (0.0119)	0.0720 (0.0097)
2006	0.4511 (0.0123)	0.4219 (0.0097)	0.1099 (0.0154)	0.0897 (0.0127)	0.1274 (0.0122)	0.0883 (0.0103)	0.1144 (0.0152)	0.0933 (0.0126)
2008	0.4405 (0.0106)	0.4546 (0.0115)	0.1288 (0.0130)	0.1025 (0.0158)	0.1430 (0.0120)	0.0995 (0.0121)	0.1315 (0.0126)	0.1034 (0.0152)
Panel B：机会不平等相对值								
1996	1.0000 —	1.0000 —	0.1615 (0.0308)	0.1676 (0.0243)	0.1880 (0.0337)	0.1598 (0.0225)	0.1526 (0.0299)	0.1559 (0.0230)
2002	1.0000 —	1.0000 —	0.1829 (0.0131)	0.1295 (0.0140)	0.1970 (0.0168)	0.1358 (0.0133)	0.1920 (0.0144)	0.1310 (0.0135)
2003	1.0000 —	1.0000 —	0.2847 (0.0244)	0.1897 (0.0265)	0.2484 (0.0224)	0.1741 (0.0228)	0.2867 (0.0225)	0.1891 (0.0258)
2005	1.0000 —	1.0000 —	0.3527 (0.0256)	0.1667 (0.0236)	0.3230 (0.0203)	0.1707 (0.0190)	0.3503 (0.0238)	0.1678 (0.0222)
2006	1.0000 —	1.0000 —	0.2435 (0.0335)	0.2126 (0.0285)	0.2824 (0.0272)	0.2092 (0.0233)	0.2535 (0.0331)	0.2211 (0.0282)
2008	1.0000 —	1.0000 —	0.2924 (0.0294)	0.2256 (0.0321)	0.3246 (0.0278)	0.2189 (0.0250)	0.2985 (0.0285)	0.2275 (0.0313)

5.4.4 机会不平等的地区差异

探讨机会不平等的另一个非常重要的意义在于机会不平等可能与经济增长有密切关系。严重的机会不平等会损害人们进行研发和创新的积极性，打消人们进行人力资本积累的动力（世界银行，2006；马里奥和罗德里格兹，2013）。因此，机会不平等可以阻碍经济增长。这意味着机会不平等在经济不发达的国家或地区可能表现得更为严重[①]。笔者结合中国的东中西部地区来讨论这一问题，这也是理解我国机会不平等特征的一个重要视角。

考虑样本量有限，笔者将样本分为东部和中西部两部[②]。表5－9是机会不平等分地区估计结果。从机会不平等的绝对值来看，东部和中西部地区的机会不平等都呈现出增长的趋势，这和笔者对全国城市居民总体的机会不平等变化趋势判断是一致的。东部和中西部地区的机会不平等在绝对值上差别不大，并没有明显的结果表明中西部地区的机会不平等情况更为严重。从机会不平等的相对值上看，机会不平等在收入不平等中的比重虽然波动较大，但在东部和中西部地区均表现出上升趋势。然而，机会不平等的相对值结果表明，中西部地区的机会不平等在收入不平等中的比重更大。另一点值得注意的是，笔者估计的东西部城市居民的收入基尼系数结果表明，东部各年的基尼系数略大于中西部，这一结论与李实和王亚柯（2005）对东西部城镇职工的个人收入不平等估计结果是类似的。这一结果实际上蕴含着非常有意思的结论：东部城市居民的个人收入不平等虽然比中西部严重，但机会不平等在收入不平等中的比重比中西部低。换言之，相比中西

① 本书不讨论机会不平等与经济增长之间的因果关系，仅考虑二者的相关关系。

② 本书的东中西部划分方法是按照全国经济普查的地区划分进行的。东部地区包括北京、天津、辽宁、上海、江苏、浙江、福建、广东、海南和山东这10个省市。样本中的其他省市划分为中西部地区。

部而言，东部地区的个人收入不平等中对“努力”的合理回报部分更多。这些发现似乎印证了世界银行（2006）与马里奥和罗德里格兹（2013）的观点。但需要指出的是，由于受到数据的限制，笔者没有严谨地分析机会不平等与中国各地区经济增长之间的因果关系，笔者的结论只是证实了机会不平等与地区的经济发展水平之间存在相关关系。而且笔者的分析也没有考虑人口流动、农村内部不平等和城乡之间不平等。因此，本书尚不能对机会不平等与东中西部经济增长之间的因果关系下定论。但笔者认为，这些发现对于理解经济增长与不平等之间的关系以及应对“中等收入陷阱”的严峻挑战无疑具有重要意义。

表5-9　　机会不平等分地区估计

指标	基尼系数		反事实1		反事实2		反事实3	
性别	东部	中西部	东部	中西部	东部	中西部	东部	中西部
Panel A：机会不平等绝对值								
1996	0.3177 (0.0084)	0.2883 (0.0090)	0.1023 (0.0107)	0.0819 (0.0107)	0.0881 (0.0096)	0.0752 (0.0095)	0.1019 (0.0109)	0.0777 (0.0097)
2002	0.3750 (0.0037)	0.3356 (0.0031)	0.1017 (0.0057)	0.0986 (0.0038)	0.1003 (0.0062)	0.1130 (0.0041)	0.1071 (0.0061)	0.1047 (0.0041)
2003	0.4153 (0.0081)	0.4207 (0.0105)	0.1168 (0.0114)	0.1255 (0.0110)	0.1057 (0.0097)	0.1101 (0.0104)	0.1157 (0.0113)	0.1203 (0.0107)
2005	0.4425 (0.0094)	0.4344 (0.0140)	0.1349 (0.0131)	0.1576 (0.0150)	0.1183 (0.0103)	0.1660 (0.0104)	0.1331 (0.0132)	0.1576 (0.0136)
2006	0.4360 (0.0095)	0.4159 (0.0105)	0.1173 (0.0141)	0.1163 (0.0138)	0.1293 (0.0099)	0.1297 (0.0102)	0.1215 (0.0098)	0.1198 (0.0102)
2008	0.4547 (0.0118)	0.4294 (0.0132)	0.1621 (0.0144)	0.1527 (0.0140)	0.1513 (0.0125)	0.1610 (0.0104)	0.1621 (0.0123)	0.1525 (0.0101)
Panel B：机会不平等相对值								
1996	1.0000 —	1.0000 —	0.3221 (0.0301)	0.2840 (0.0318)	0.2773 (0.0291)	0.2608 (0.0313)	0.3207 (0.0305)	0.2695 (0.0292)
2002	1.0000 —	1.0000 —	0.2712 (0.0143)	0.2937 (0.0109)	0.2675 (0.0164)	0.3368 (0.0118)	0.2855 (0.0146)	0.3119 (0.0107)

续表

指标	基尼系数		反事实1		反事实2		反事实3	
性别	东部	中西部	东部	中西部	东部	中西部	东部	中西部
Panel B：机会不平等相对值								
2003	1.0000 —	1.0000 —	0.2812 (0.0255)	0.2982 (0.0228)	0.2545 (0.0229)	0.2616 (0.0253)	0.2786 (0.0254)	0.2860 (0.0230)
2005	1.0000 —	1.0000 —	0.3048 (0.0265)	0.3627 (0.0297)	0.2674 (0.0225)	0.3821 (0.0238)	0.3007 (0.0267)	0.3629 (0.0276)
2006	1.0000 —	1.0000 —	0.2691 (0.0316)	0.2796 (0.0300)	0.2966 (0.0225)	0.3118 (0.0236)	0.2787 (0.0319)	0.2858 (0.0281)
2008	1.0000 —	1.0000 —	0.3564 (0.0280)	0.3556 (0.0266)	0.3327 (0.0274)	0.3748 (0.0222)	0.3566 (0.0280)	0.3551 (0.0243)

5.4.5 机会不平等的分解研究

探讨居民获取个人收入时面临多大程度的机会不平等虽然为我们深刻认识当前的收入不平等现状提供了非常有价值的信息，但总量机会不平等的测度仍然无法揭示机会集中各个元素的相对重要性。例如，性别导致的机会不平等与家庭背景导致的机会不平等孰重孰轻？父母教育和父母职业，谁在子女个人收入差异中担任更重要的角色？这些问题不仅有助于我们进一步理解机会不平等的生成机制，也有利于制定促进机会公平的公共政策。如果性别在机会不平等中更重要，那么改善女性在劳动力市场中的竞争劣势将会大大改善居民的机会不平等现状。如果父母的教育和职业是导致机会不平等的重要因素，那么政策倾斜的对象应该是那些父母社会经济地位相对较低的个体。

估计机会集中每个元素的偏效应，关键在于保持机会集中的其他“环境”因素相同，即每个个体所面临的机会集中有且仅有一种“环境”因素不同。在非参数测度中，保持其他“环境”因素相同是很难实现的。笔者能做的仅仅是将其他“环境”因素排除到机会集之外，只用一种因素的机会集测度机会不平等。但这样处理意味着其他“环境”因素被视为个人可控的因素，这显然是不合理的。幸运的是在参数测度中保持其他“环境”因素相同可以很容易地实现。借鉴布尼吉翁等（2007）和费雷拉和吉纽（2011）的思想，偏效应的反事实分布构造如下：

$$y^c = \{\exp(\tilde{C}^1\hat{\psi})1_{N_1},\cdots,\exp(\tilde{C}^t\hat{\psi})1_{Nt},\cdots,\exp(\tilde{C}^T\hat{\psi}_{N_T})\}$$

$$\tilde{C}^t\hat{\psi} = C_J^t\hat{\psi}_J + \bar{C}^t_{j\neq J}\hat{\psi}_{j\neq J} \tag{5-10}$$

其中，J 表示需要求偏效应的“环境”因素，j 表示机会集中所有的其他“环境”因素，$\bar{C}$ 为“环境”因素在总人群中的平均取值。例如，如果想得到父母教育的偏效应，笔者可以用样本中的性别平均值（性别比）和父母职业均值（各类职业占比）和父母教育进行个人收入的预测。这就满足了保持性别和父母职业“相同”的要求，得到的反事实收入差异仅与父母教育有关。

表5－10测算出了各种“环境”因素的偏效应估计结果。由于机会不平等测算过程要经过非线性变换，且各个因素之间可能存在相互作用，所以机会不平等的分解结果与总机会不平等之间没有线性关系。但由于机会集的缩小，偏效应的估计结果必然不大于总机会不平等。从分解结果上看，父母教育和性别是导致机会不平等的两个关键因素。在1996年时，性别引起的机会不平等最为重要。但随着时间的推移，父母教育呈现出后来者居上的态势，逐步赶上并超过性别在机会不平等中的作用。从机会不平等的相对值来看，各个因素在个人收入不平等中的比重都有很大波动，但父母教育和职业引起的机会不平等在个人收入不平等中的比重呈现出上升的趋势，而性别引起的收入差异在个人收入不平等中的比重却相对稳定。这些结果说明，家庭背景在个人收入不平等中的作用正在攀升，这与社会经济地位代际间的流动性密切相关，也与我国居民收入不平等的持续扩大有关。此外，家庭背

景在机会不平等中的作用上升以及性别在机会不平等中的作用相对稳定意味着总体机会不平等的上升在很大程度上与家庭背景的作用有关。这一结果也与笔者前面用性别分样本估计得到的结论不谋而合。

表 5-10　　机会不平等分解

年份	1996	2002	2003	2005	2006	2008
总机会不平等	0.0780 (0.0080)	0.1064 (0.0038)	0.1110 (0.0069)	0.1480 (0.0068)	0.1346 (0.0074)	0.1558 (0.0086)
Panel A：机会不平等绝对值						
父母教育	0.0342 (0.0075)	0.0218 (0.0039)	0.0781 (0.0065)	0.0855 (0.0075)	0.0711 (0.0072)	0.0896 (0.0084)
父母职业	0.0216 (0.0084)	0.0318 (0.0042)	0.0165 (0.0064)	0.0267 (0.0056)	0.0467 (0.0069)	0.0454 (0.0081)
性别	0.0556 (0.0071)	0.0839 (0.0035)	0.0656 (0.0063)	0.0900 (0.0057)	0.0730 (0.0062)	0.0864 (0.0073)
Panel B：机会不平等相对值						
父母教育	0.1111 (0.0240)	0.0597 (0.0108)	0.1830 (0.0150)	0.1902 (0.0163)	0.1617 (0.0165)	0.1963 (0.0186)
父母职业	0.0702 (0.0274)	0.0874 (0.0115)	0.0387 (0.0151)	0.0594 (0.0125)	0.1061 (0.0158)	0.0994 (0.0178)
性别	0.1804 (0.0222)	0.2302 (0.0095)	0.1538 (0.0150)	0.2001 (0.0127)	0.1658 (0.0144)	0.1892 (0.0158)

5.5　本章小结

机会不平等比收入不平等对社会经济发展的影响更为重要。一方面，机会不平等会损害人们积极性、不利于人力资本积累，甚至阻碍经济与社会发展；另一方面，居民获取收入的机会不公平更容易激化各种社会矛盾。在中国当前面临严峻的“中国收入陷阱”挑战的背景下，探讨中国的机会不平等比分析收入不平等具有更重要的现实意义。

本章利用 1996～2008 年的全国性截面数据分析了中国城市居民收入中的机会不平等成分，探讨了机会不平等的长期变化趋势、机会不平等在不同年龄段人群间的差异、性别差异和机会不平等地区间差异。最后，笔者还研究了各种“环境”因素的偏效应。本章还结合现有机会不平等测度指标的不足，提出了一个新的测度指标，利用多个不同的测度指标保证了本章结果的可靠性与稳健性。实证结果发现：(1) 中国城市居民机会不平等的绝对值呈现出明显的上升趋势，并且机会不平等的上升速度要大于收入不平等的上升速度，机会不平等的相对值从 1996 年的 25% 左右上升到 2008 年的 33% 左右。(2) 不同年龄段人群的机会不平等存在明显差异。在同一时点上，高年龄组人群比低年龄组人群面临更严重的机会不平等，其原因是机会不平等的累积效应。机会不平等的累积效应说明，处于机会劣势的个体想要通过后期的努力改变机会不平等的现状是相当困难的。(3) “环境”因素在男性和女性个人收入差异中的作用不同，女性在获取个人收入的过程中面临更为严重的机会不平等。(4) 机会不平等也呈现出地域差异，机会不平等在经济发展水平落后的中西部地区表现得更为严重。(5) 偏效应分解结果表明，家庭背景引起的机会不平等在个人收入不平等中的比重呈现出上升的趋势，而性别引起的机会不平等在收入不平等中的比重相对稳定。

中国城市居民收入的机会不平等在扩大且增长速度大于收入不平等的增长速度，说明收入分配格局存在固化现象，个人的努力程度在获取收入中的作用在逐渐弱化，居民收入流动性减弱。这些问题无论是对中国经济可持续发展还是社会稳定都具有极大的负面影响。笔者得出的实证结果也在一定程度上支持了学术界关于经济增长和机会不平等关系的推测。因此，打破中国机会不平等加剧的格局对于缓解各种社会矛盾、促进未来经济的可持续增长以及应对“中等收入陷阱”的严峻挑战都具有重要意义。打破机会不平等加剧的格局，首先，要求有一个透明的竞争规则和程序，避免“背景”“关系”等因素影响甚至是决定个人发展。例如，在国有企业和事业单位要完善和落实公开招聘制度；在其他企业要引入监督机制确保就业市场竞争的公平性。其次，大力发展教育事业，促进公民接受教育的机会公平，这可以在一定程度上弥补其他背景因素导致的机会不公平。

由于数据限制，本章的研究还存在三点不足，这也是未来进一步研究的重点方向。首先，本章虽然采用了多种机会不平等测度指标，并且对现有测度指标的不足进行了修正。但是由于数据本身的限制本章只考察了父母教育、职业和个体的性别这几个外生变量造成的机会不平等，现实社会中的机会不平等因素要更多，包括父母的社会网络、个人的先天特质（如 IQ、相貌等）、出生地的公共设施与服务（如交通、教育等）。因此，中国实际的机会不平等可能比本章估计的结果更大。其次，本章仅考虑了城市居民的机会不平等，没有考虑城乡居民的机会不平等。这主要是因为农村居民的个人收入无法界定。但由于城乡分割、户籍制度等因素，将城乡居民放在一起考查全国居民的机会不平等是非常有意义的。一种较为合理的方法是，当家庭结构比较简单时（例如，仅有户主、户主的配偶和子女），用家庭人均收入作为户主个人收入的代理变量。但中国的家庭结构往往较为复杂，尤其是在农村。总之，对中国机会不平等的精确度量不仅要求合理的测度方法，更要求有合适的数据，如何得到我国机会不平等更为精确的测度还需要进行大量的实证研究。最后，本章只探讨了机会不平等与经济发展水平之间的相关关系，没有严格检验二者之间的因果关系，这也是未来研究的重点领域。

第 6 章

机会不平等、流动预期与再分配偏好

机会不平等一方面是社会不平等与社会流动之间的桥梁，另一方面也是影响经济发展的因素，而这些都与居民的再分配偏好有关。本章分析中国居民的主观机会不平等、流动性预期以及居民的再分配偏好之间的关系。

6.1 再分配偏好的决定机制与因素

调节收入分配格局是政府的基本职能之一。在收入再分配的改革过程中，增收累进税是最主要的政策手段之一。岳希明和徐静（2012）、岳希明等（2012）、徐建伟等（2013）都对我国近几年的个税改革的再分配效应进行了探讨。然而，问题是国民为什么支持再分配政策？什么样的人更希望收入再分配？通过征税和转移支付，再分配的结果是将富人的收入转移到穷人手中。因此，人们可能认为支持再分配的都是穷人，而再分配政策的反对者都是富人。但事实并非如此，人们的再分配需求和偏好远非如此简单。

近年来，再分配偏好的决定因素受到学者们广泛重视，大量近期的文献对以往研究中提出的各种再分配偏好的决定机制和因素进行了系统的总结（阿莱西纳和朱利亚诺，2010；李清彬，2011），值得注意的是，这些机制之间并不是相互排斥的。

6.1.1 经济利益机制

经济利益机制是最常见的解释机制之一。经济学者们总是倾向于假定居民是理性的，居民的各种经济行为都是为了最大化自身的经济利益。居民的再分配偏好也决定于他们在再分配过程中的利益得失。梅尔策和理查兹（1981）认为，居民仅仅关心自己的收入（消费），他们的偏好可依据中间投票人原理反映，在均衡状态下，低于平均收入的居民可以从转移支付中得到收益，故他们支持转移支付政策，相反，高于平均收入的居民由于在转移支付中利益受损而反对转移支付。所以，当一个社会的平均收入高于中等收入时，大多数居民希望政府进行转移支付。然而，来自欧洲和美国的实证经验并不支持 Meltzer-Richards 范式（阿莱西纳和格莱泽，2004）。梅尔策-理查兹范式的最大问题在于这一结论依赖于过分简化政策均衡假定，在这个静态模型中，居民的行为仅取决于当前的收入和再分配政策。阿莱西纳、罗德里克（1994）和佩尔松、塔贝利尼（1995）分别提出了两种不同的动态模型，但在这两个模型中，居民的相对收入在经济增长的过程中保持不变，因此居民对再分配政策的偏好与梅尔策-理查兹的结论一致。

一项再分配政策的实施通常要持续一定的时期，而非一次性的。因此，居民在决定支持或反对某项再分配政策时会考虑该项政策对其未来消费的影响。现阶段贫穷的人未必持续贫穷下去，当穷人预期到未来收入增长时，他们有可能会反对再分配，即便是再分配政策使他可以获得更多的当前利益。相反，当富人预期未来收入下降时，他们可能会选择支持收入再分配，即便是他们的当前利益受损。贝纳布和奥克（2001）考虑了上述流动性对居民不规则分配偏好的影响，他们结论表明，在一定的条件下，用向上流动预期（prospect of upward mobility，POUM）会使那些收入水平略微低于平均收入的居民支持再分配政策，而使部分收入水平略微高于平均收入的居民反对再分配。上述结论所依赖的关键假定之一是低风险厌恶。因为过高的风险厌恶程度会导致更多的人担心向下的收入流动进而反对再分配政策。因此，实证研究中需要控制个人的风险偏好情况（科若卡鲁，2012；吉约，2013）。另一个关键假定是居民对未来收入的预期是当前收入的凹函数。这一假定保证了向上的流动预期不至于和向下的流动预期相互抵消。因此，向上流动预期假说中均衡的再分配需求要低于 Meltzer-Richards 的结果。POUM 假说能很好地解释人们的再分配偏好，大量的实证研究结果都支持 POUM 理论（阿莱西纳和拉费拉拉，2005；阿莱西纳和吉约，2010；吉约，2013）。

然而，问题是居民根据什么预期自己未来的收入？或者说什么决定了居民的流动预期？显然，居民对流动预期的依据主要是来自过去的信息。皮凯蒂（1995）假定居民对过去的自身经历存在学习过程，因此他们的流动性预期不仅取决于当前的收入，还与过去的经历有关。居民的过去经历主要是指过去的流动经历，利用这些信息他们不断更新自己的认识，评判各种收入决定因素在收入形成过程中的相对作用。例如，某个人通过对自己过去经历的学习发现，个人的努力得到了现有的回报并且自己经历了收入的向上流动，那么他会反对再分配政策，并通过自己的努力追求更高的收入。阿莱西纳、安杰莱托斯（2005）和贝纳布、梯若尔（2006）都认为努力、运气、家庭出生、关系和腐败等因素在决定个体收入中的相对重要性会影响人们对再分配政策的偏好。这也解释了为什么各国的居民对不平等的感知和对再分配的偏好存在较大的差异。除了利用自身的经历预期未来的收入之外，人们也可能通过学习别人的经历来预期自己未来的收入。别人的收入流动经历对个体自身的流动性预期有两方面作用，一方面，当低收入者观察他人的收入增长时，可能会预期未来自己的收入也会增长，进而反对再分配；另一方面，当低收入者的收入长期没有增长，但他人的收入在增长，这时他会倾向于再分配，这便是所谓的“隧道效应”。拉瓦利昂和洛克申（2000）的研究都发现相对的收入流动对居民的再分配偏好有影响。

6.1.2 公平信念机制

公平信念是解释再分配偏好的另一重要机制。人们是否支持或反对再分配与他们对看待不平等的态度有关。换言之，他们的再分配偏好取决于他们是否认为当前的不平等是公平或不公平以及当前的不平等在多大程度上是不公平的，需要改善的。收入不平等是否公平，是否能被人们接受依赖于导致这种不平等的决定因素和关键因素是否是人们的自身责任。这就是前文所强调的机会公平问题，即个人努力导致的收入差异是合理的，可以接受的，但个人无法控制的外在因素导致的收入差异是不公平的，需要再分配政策进行补偿。这种可控和不可控的收入决定因素对人们再分配偏好的影响与皮凯蒂（1995）、贝纳布和梯若尔（2006）在纯经济利益机制下对这些因素影响再分配偏好的讨论类似，但两种机制实事上存在较大的差别。在纯经济利益机制下，收入不平等和决定收入的因素是通过影响个人的消费进而间接地影响人们对再分配的偏好。而在公平信念机制下，收入不平等或收入分布本身直接进入个体的效用函数，对居民的再分配偏好有直接影响（阿莱西纳和安杰莱托斯，2005；阿莱西纳和吉约，2010）。实证研究结果也表明，控制了个人的经济利益因素之后，人们的公平信念仍然对再分配偏好有明显影响（方，2001；阿莱西纳和吉约，2010；吉约，2013）。

除了调查数据的实证依据，实验数据也为公平信念机制提供了可靠证据。克拉苛克（2010）的实验结果表明，相比较收入由运气决定而言，当收入由工作表现决定时，平均的转移支付需求会下降20%。其他类似的实验研究也都表明收入不平等的来源对人们的再分配偏好以及捐赠行为（自主的转移支付）有显著影响（方和卢特默，2011；杜兰特等，2013）。

6.1.3 其他机制

再分配偏好的其他解释机制还包括保险机制、外部性机制、社会认同机制和文化背景差异机制等。保险机制认为人们支持再分配是为了抵御不确定的风险。一般而言，不平等可能导致社会犯罪率上升。因此，富人为了保护自己的利益有可能愿意支持再分配政策（阿兰西纳和吉约，2010）。外部性机制是指再分配政策有可能影响整个社会的经济发展水平并且富人会因此而获益。例如，提供公共教育服务可以使平均的生产力水平提高，而不平均可能意味着很多低收入人群无法获得教育，因此通过转移支付提供公共教育有可能使富人受益（阿兰西纳和吉约，2010）。社会认同机制认为人们在权衡再分配政策时不仅考虑自身的利益还考虑自己所属的社会群体的利益。克洛和沙约（2010）利用实验数据研究发现，人们在选择税率时并不是完全符合个人经济收益最大的原则，而是考虑所在组群的利益，当自身的经济损失不是太大时，他们会倾向于最大化所在组群的经济利益。不同组群间的再分配偏好存在差异且这些差异很难用其他机制解释（基利和谭，2008）。当一个地区的种族较分散时社会认同机制和各个组群的异质性会导致该地区的再分配需求下降（达尔伯格等，2012）。另一些学者则认为行为和文化差异会影响再分配偏好（阿尔甘和卡于克，2006）。阿兰西纳和富克斯－申德恩（2007）认为政治体制的差异也会影响人们的再分配偏好。此外，认识偏差和过度乐观等因素也会影响人们的再分配偏好（贝纳布和梯若尔，2006；克鲁兹等，2013）。

6.1.4 中国居民再分配偏好决定因素

我国的收入差距扩大，个税政策的调整以及社会保障政策的改革都激发了国内学者们对我国居民再分配偏好的研究。马明德和陈福平

（2010）利用2005年的中国社会综合调查数据（CGSS）探讨了个人的当前收入和过去的收入流动经历对再分配偏好的影响，证实了经济利益机制对居民再分配偏好的影响，同时也发现向下流动的经历使得人们更倾向收入再分配。但严格来说向下流动的经历并不能证实POUM假说。陈宗胜和李清彬（2011）利用2006年的CGSS数据研究了个人收入水平、流动性预期和流动性经历以及其他个人特征对再分配偏好的影响，他们的结论证明了经济利益和向上流动预期对个人的再分配需求有显著影响，证实了POUM假说。上述研究都没有考虑居民对公平信念机制对再分配偏好的影响。潘春阳和何立新（2011，2012）重点分析了可控的成功因素、半可控的成功因素和不可控的成功因素对居民再分配偏好的影响，证实了公平信念在决定再分配需求中的重要性。但上述研究却没有考虑流动居民的流动性经历的影响，因此难以判断上述结论是因为公平信念的度量包含了流动性经历的信息所致，还是由于人们对机会不平等的厌恶所致。此外，既有的研究对公平信念的度量并不能完全反映个体所面临的机会不平等情况。努力工作的人可能得到了相应的回报，故认为努力工作是重要的，但他可能还面临其他方面（如关系、家庭背景等）的因素导致的机会不平等。因此，一个人是否面临不公平的机会是难以用一个或多个信念的问题来完全刻画。即使是对POUM假说的检验上，既有的研究仍然存在许多不足，例如，POUM假说成立的前提是人们不能有太高的风险厌恶程度，因此在检验POUM时要尽可能控制风险偏好信息，而且风险规避机制本身也是再分配偏好的重要因素。再如，既有的研究仅仅检验了是否有向上或向下流动预期对再分配偏好的影响，但没有区分流动性预期对不同群的再分配偏好影响。低收入者虽然有向上流动预期，但他们的预期收入水平可能仍然低于平均收入水平，高收入者虽然有向下的预期，但他的收入水平可能仍高于平均收入。因此，并不是向上预期就一定支持再分配，而向下预期就一定反对再分配，不考虑这种异质性难以正确判断POUM假说正确与否。

鉴于上述研究的不足，本章将全面探讨中国居民再分配偏好的决定因素。首先，笔者沿着已有的研究思路探讨公平信念、向上流动预期对居民再分配偏好的影响，但笔者控制了更多的信息，例如，过去流动经历、代际流动经历、风险偏好等，这些信息都是检验经济利益机制和 POUM 假说所必须控制的信息，故笔者的研究能更精确地估计这些效应。其次，传统的方法在检验 POUM 假说时没有考虑居民当前收入差异的异质性，笼统地分析向上（向下）流动预期的效应，如笔者前面所述，这是不合理的。为此，本章将区分六类人群：低收入者向下流动、低收入者水平流动、低收入者向上流动、高收入者向下流动、高收入者水平流动、高收入者向上流动。笔者将考查上述六类人的再分配偏好。最后，为了尽可能正确刻画居民所面临的机会不平等及其对再分配偏好的影响，本章使用三种度量方式反映机会不平等：第一，遵循阿莱西纳和拉费拉拉（2005）以及潘春阳和何立新（2011，2012）的方法，从成功因素可控与否的角度来度量；第二，沿用方（2001）方法从穷人的自身责任角度来度量；第三，利用居民根据自己的努力程度、能力等对自己所得收入的公平性的主观评价。本章还考虑居民所面临的机会不平等对其流动预期的影响，考虑机会不平等对再分配偏好的间接影响效应。

6.2 数据与计量模型

6.2.1 数据与变量

本章的数据来自中国综合社会调查（CGSS）数据。这套调查数据始于 2003 年，之后分别在 2004 年（数据未公布）、2005 年、2006 年、2008 年和 2010 年进行了调查。该项调查的范围覆盖了 28 个省市，调查内容包括人口学、社会经济、个人态度和个人意识等变量。

中国综合社会调查数据的优点是询问了受访者的再分配偏好相关

的问题，这为探讨居民再分配偏好的决定因素提供了必要的信息。由于问卷设计原因，询问居民再分配偏好的问题在各年间有所差异。2003~2006年的问卷中关于再分配偏好的问题均是“应该从有钱人那里征收更多的税来帮助穷人”。2008年的问卷中没有直接询问居民的再分配偏好问题，但询问了“缩小高收入者和低收入者之间的收入差距，是政府的责任”。由于再分配偏好和再分配是政府责任并不是同一概念，有可能所有的居民都认为缩小收入差距是政府责任，但他们可能有不同程度的再分配偏好。2010年的问卷中关于再分配偏好的问题是“为减少收入不平等，应该对富人征收更高的税”。受访者对上述问题可以回答“非常不同意”“不同意”“不同意也不反对”（无所谓）“同意”和“非常同意”，但各个年份提供的选项有所差异。

图6-1是各年居民的再分配偏好情况。由于问题差异、回答方式的差异以及时间变化等原因。各年的结果变异较大。2003年的问卷只提供了“同意”“不同意”和“无所谓”三种答案。73.45%的居民认为应该向富人征收更多的税来帮助穷人，而仅有16.69%的居民不赞成向富人征收更多的税，还有9.62%的居民保持了中立和0.24%的居民没有回答此问题。2005年提供了五种答案。回答“非常同意”和“同意”的居民分别占36.75%和47.54%，保持中立的居民占8.14%，回答“不同意”和“非常不同意”的居民分别占6.1%和0.6%，其余居民没有回答该问题。2006年没有提供中立的选项，回答“非常同意”和“同意”的居民分别占28.4%和48.48%，回答“不同意”和“非常不同意”的居民分别占15.84%和2.65%。2010年的结果显示19.09%的居民非常同意向富人征收更高的税来减小收入差距，回答同意的居民也占到37.21%，而不同意和非常不同意的居民分别占15.91%和5.09%。总体来看，从2003~2006年，大部分居民认为应该高征税帮助穷人，这一比例达到70%以上。到2010年，同意征税缩小收入差距的居民虽然仍占大多数（56.3%），但与以往的统计结果相比，2010年的再分配需求有所下降。这种下降一方面可能是由于问题

设计本身差异导致的，另一方面也有可能与我国的第四次个人所得税修正法案于2008年3月1日起实行有关。

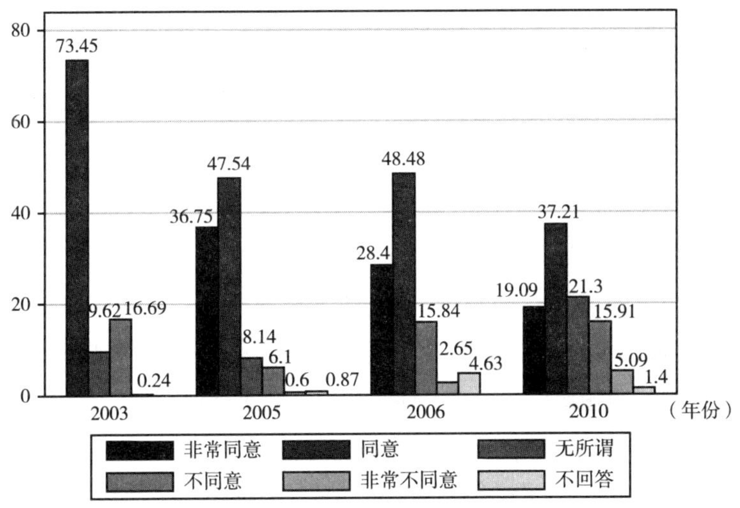

图6－1 各年再分配偏好情况

上一小节的内容指出，最为关键的再分配偏好影响因素包括居民当前的收入和经济地位、流动性经历、流动性预期、公平信念、风险偏好等。CGSS每一年的调查都询问了受访者的个人收入、个人经济地、家庭收入和家庭经济地位等内容。2003～2006年的问卷中询问了受访者当前的社会经济地位与三年前相比的变化情况，2008～2010年调查则询问受访者相对于十年前的社会经济地位变化情况，这些信息可以用来反映居民的流动性经历。2003年、2005年和2008年的调查没有收集居民对自己未来的收入或社会经济地位（Social Economic Status，SES）的预期信息。2006年询问了受访者对三年后的社会经济地位预期，而2010年则询问的是受访者对十年后的经济地位预期。利用这些预期信息可以判断居民是否有向上、向下或不变的预期。由于流动性预期是不可或缺的信息，故只有2006年和2010年的数据适合研究我国居民的再分配偏好问题。国内研究者们利用个人收入、经济地位、流动经历和流动预期信息探讨了POUM假说在我国是否成立，但POUM

的前提条件之一是人们的风险厌恶程度不能太高，因此不控制个人的风险偏好难以精确检验 POUM 假说。科若卡鲁（2012）在研究转型经济体中的居民再分配偏好时，利用受访者是否接受一个假想的风险事件来控制个体的风险厌恶情况。然而，大多数调查数据都没有包含个人风险偏好的信息。吉约（2013）认为自顾职业者一般比其他职业的从业人员具有更高的风险偏好，因此他用是否为自顾职业来制定风险偏好。CGSS 调查也没有显示直接收入居民的风险厌恶情况。虽然有受访者的职业信息，但这一信息并不能合理地反映我国居民的风险偏好，因为自顾职业仅适用于城市居民，而对许多农村居民而言即便他们是风险偏好者也不存在自顾职业一说。为了尽可能控制居民的风险偏好特征，本书控制受访者赌博的频率以及是否参加医疗保险和养老保险等信息。

除了收入和经济地位、流动性经历、流动性预期和风险偏好以外，公平信念也是本章重点关注的问题。2006 年的调查中关于个人公平信念的问题有两类。第一类是询问受访者“在您看来，（1）努力工作；（2）有进取心和事业心；（3）政治表现；（4）出生于富有家庭；（5）出生地点；（6）命运；（7）父母教育水平；（8）性别；（9）年龄；（10）外貌；（11）认识有权力的人；（12）个人才智；（13）自身教育水平；（14）有社会关系对个人成功的重要程度怎样”。针对上述 14 个因素的重要性，受访者可以选择：1 = “一点不重要”、2 = “不太重要”、3 = “比较重要”、4 = “非常重要”和 5 = “有决定作用”。第二类是询问受访者“您是否同意‘穷人之所以会穷，是因为他们不愿意工作’这一说法”。针对这一问题，受访者可以回答：1 = “非常不同意”、2 = “不同意”、3 = “同意”、4 = “非常同意”。这两类问题在相关研究中都被用来作为反映受访者的公平信念或受访者对机会公平的态度。第一类问题从个人成功的角度来反映人们的公平信念。问题中所涉及的因素包括可控因素、其他可控因素和不可控因素。如果受访者认为决定个人成功的主要因素是可控因素，那么在他看来人们成功的机会是公平的，每个人都可以通过自己的努力改善生活水平。因此，认为成功由可控因素决定的人往往不支持再分配。第二类问题从穷困的个人责任角度来反映人们的公平信念。如果受访者认为穷人之所以穷是由于他们自己的责任，因而其他的富人自然不需要为穷人的穷困而负责，故这类受访者往往倾向于不支持再分配。潘春阳和何立新（2011，2012）使用第一类问题探讨了机会公平对个人再分配偏好的影响，他们将问题中的 14 个因素划分为可控（1 ~3）、不可控（4 ~10）和半可控（11 ~14）的三类因素，然后计算每个受访者对各类问题回答的均值，并用这三个加总值作为反映每位居民公平信念的代理变量。本章将遵循潘春阳和何立新（2011，2012）利用这些信息构造公平信念的代理变量。除了从成功可控的角度，本章还从穷人的个人责任角度来构造公平信念的代理变量。依据问卷的设计，笔者直接用受访者对第二类问题的同意程度来度量。2010 年的问卷设计与 2006 年不同。首先，在成功可控方面，2010 年的问卷询问了受访者以下问题："个人成就大部分是靠努力争取/把握机会""个人成就大部分是靠运气""人生富贵贫贱是命中注定""社会不平等由天生能力/掌权者造成"。没用成功可控性思想，本章将"个人成就大部分是靠努力争取/把握机会"定义为成功可控，将其余问题定义为成功不可控，然后计算这两类问题的加总值。除此之外，2010 年的问卷还询问了受访者"考虑到您的教育背景、工作能力、资历等各方面因素，您认为自己目前的收入是否公平?"受访者可以回答：1 = "不公平"、2 = "不太公平"、3 = "一般"、4 = "比较公平"、5 = "公平"。笔者利用这一问题定义受访者的主观机会公平评价。表 6 -1 中给出了本章主要数据的统计性描述。

表 6 -1　　主要变量描述性统计

年　份	2006			2010		
变　量	均值	标准误	观测值	均值	标准误	观测值
再分配偏好	3. 076	0. 755	9681	3. 500	1. 127	11620
个人收入流动经历	1. 295	0. 695	9646	—	—	—
个人 SES 流动经历（相对过去）	1. 067	0. 551	9218	1. 381	0. 724	11716

续表

年份	2006			2010		
变量	均值	标准误	观测值	均值	标准误	观测值
个人 SES 流动经历（相对父辈）	—	—	—	1.471	0.736	11687
个人收入流动预期	1.444	0.623	8773	—	—	—
个人 SES 流动预期	1.223	0.564	8628	1.566	0.600	11498
穷是因为不愿工作	2.190	0.865	9888	—	—	—
个人收入与应得收入相比公平	—	—	—	2.867	1.234	11301
成功由于可控因素	3.710	0.636	10113	4.137	0.6205	11751
成功由于半可控因素	3.771	0.602	10129	—	—	—
成功由于不可控因素	3.010	0.623	10128	2.744	0.681	11751
家庭人均收入（十万元）	0.124	0.921	9234	0.134	0.347	10329
家庭社会经济地位	1.989	0.922	9977	2.611	0.765	11756
个人社会经济地位	1.904	0.886	9970	4.063	1.731	11730
是否经常赌博（1=是，0=否）	0.279	0.448	10151	—	—	—
性别（1=女，0=男）	0.538	0.498	10151	0.519	0.500	11785
年龄	42.39	13.45	10151	47.310	15.68	11779
是否为汉族（1=是，0=否）	0.934	0.247	10151	0.905	0.294	11785
户口类型（1=农，0=非农）	0.488	0.500	10151	0.512	0.500	11785
是否有宗教信仰（1=是，0=否）	0.133	0.339	10151	0.132	0.338	11785
教育水平	1.466	0.699	10151	1.499	0.748	11785
是否为党员（1=是，0=否）	0.087	0.282	10151	0.124	0.330	11785
婚姻状况	1.918	0.427	10151	1.992	0.441	11785

续表

年　份	2006			2010		
变　量	均值	标准误	观测值	均值	标准误	观测值
是否在工作（1 = 是，0 = 否）	0.646	0.478	10151	0.374	0.484	11785
健康状况	2.923	0.683	10148	3.615	1.115	11770
是否有养老保险（1 = 有，0 = 无）	—	—	—	0.433	0.495	11785
是否有医疗保险（1 = 有，0 = 无）	—	—	—	0.864	0.343	11785

注：2006 年和 2010 年询问再分配偏好的问题不同，详见文中说明。2006 年和 2010 年的再分配偏好从 1 到 5 表示再分配偏好增加。2006 年的个人收入流动经历和社会经济地位流动经历均是相对于 3 年前的收入和社会经济地位而言，0 = "下降"、1 = "不变"、2 = "上升"。2010 年的个人经济地位流动经历相对个人 10 年前或个人 14 岁时的家庭而言，定义方式同上。2006 年的收入流动预期和社会经济地位流动预期均是对 3 年后的预期，定义方式同上。2006 年的家庭和个人社会经济地位分为 5 层：1 = "下层"、2 = "中下层"、3 = "中层"、4 = "中上层"、5 = "上层"。2010 年的家庭经济地位定义同 2006 年，个人经济地位分为 10 等，1 为最底层，10 为最高层。2006 年和 2010 年的教育水平均分为 3 等：1 = "中学及以下"、2 = "高中和中专"、3 = "大学及以上"。2006 年和 2010 年的婚姻状况均分为 3 类：1 = "未婚"、2 = "已婚"、3 = "离婚或丧偶"。2006 年的健康水平（对健康满意度）分为4 等：1 = "非常不满意"、2 = "不太满意"、3 = "比较满意"、4 = "非常满意"；2010 年的健康水平（对健康满意度）分为 5 等：1 = "非常不满意"、2 = "不太满意"、3 = "一般"、4 = "比较满意"、5 = "非常满意"。

6.2.2　模型设定

本章采用下面的计量模型设定估计居民的再分配偏好，

$$Redis_i = \boldsymbol{Selfin\ t_i\beta'} + \boldsymbol{Expmob\gamma'} + \boldsymbol{Opp_i\psi'} + \alpha_1 risk_i + \alpha_2 mobhist + \boldsymbol{X} * \boldsymbol{\Gamma'} + \varepsilon_i \tag{6-1}$$

Redis 是反映居民再分配偏好的变量。***Selfint*** 是反映居民个人当前经济状况的变量，包括当前的家庭人均收入、个人当前的社会经济地位、家庭目前的社会经济地位，因此 $\boldsymbol{\beta}$ 的估计值可以反映纯经济利益对人们再分配偏好的影响，由于当前经济状况好的居民再分配需求较低，所以预期 $\boldsymbol{\beta}$ 会显著小于0。***Expmob*** 是居民流动性预期，包括受访

者对自己未来的收入变动预期和社会经济地位变动的预期，故 γ 的估计值也可以反映经济利益对再分配偏好的影响，但 γ 可以说明居民的再分配偏好可能不仅取决于当前的经济状况还与个人对未来的经济状况预期有关。所以 γ 可以检验 POUM 假说在中国是否成立，一般认为有向上流动预期的个体再分配需求低，而有向下流动预期的个体再分配偏好高。***Opp*** 是公平信念变量，包括成功可控性、穷困责任和实得收入是否公平。ψ 反映了机会不平等对人们再分配偏好的影响，一般而言，认为成功可控、穷困是穷人自身的责任以及自己实得收入就是自己应得收入的个体再分配需求要低。*risk* 是反映居民风险偏好的变量。风险偏好是贝纳布和奥克（2001）研究 POUM 假说中的一个关键前提，实证研究中往往忽视了这一因素的重要性。由于数据的限制，笔者用是否经常赌博或保险参与情况作为代理变量。*mobhist* 是流动经历，包括收入或（和）社会经济地位的流动，这是皮凯蒂（Piketty，1995）的再分配需求模型中的关键变量，但关于我国居民再分配偏好的实证研究中往往也遗漏了这一变量。***X*** 是个人特征信息，包括年龄、性别、教育水平、户口、婚姻和健康状况等，特别地，为了控制居民的利他动机，笔者还控制了个体是否有宗教信仰这一信息。

上述模型设定是实证研究中常用的设定形式。但上述模型在检验 POUM 假说时存在一定的缺陷，因为在实证研究中，流动性预期通常被分为向上、不变和向下，但同样是向上流动预期，它对当前高收入者和当前低收入者的再分配偏好影响是不同的，因为低收入者即便是有向上流动预期，他的预期收入仍然可能是低于他所预期的社会平均收入水平。2006 年的数据没有询问受访者预期的收入或社会经济地位是高于中层还是低于中层，但从 2010 年的调查来看，当前社会处于下层的居民（社会经济地位在 3 层及以下）有 95% 左右预期自己 10 年后仍然在中下层；而当前社会经济地位处于上层的居民（社会经济地位在 7 层及以上）有 95% 以下的人预期 10 年后自己的社会经济地位仍在中上层。虽然这些居民的流动预期有可能向下或向上，但人们的再分配偏好可能没有差异。为了再精确地检验POUM假说，本章将居民按其当前的社会经济地位和流动性预期分配为低收入者向下流动、低收入者水平流动、低收入者向上流动、高收入者向下流动、高收入者水平流动、高收入者向上流动。

$$Redis_i = \boldsymbol{Selfin\,t_i\beta'} + \sum_{k=1}^{5} g_k\gamma_k + \boldsymbol{Opp_i\psi'} + \alpha_1 risk_i + \alpha_2 mobhist + \boldsymbol{X} * \boldsymbol{\Gamma'} + \varepsilon_i \quad (6-2)$$

g_k 为组群虚拟变量，可以预期低收入者且有向下流动预期的人再分配偏好最为强烈，而高收入者且有向下流动预期的人再分配偏好最为强烈，因此我们可以比较各组系数估计值的相对大小更精确地检验POUM假说，这比笼统地将居民划分为向上流动和向下流动进行检验更为合理。

皮凯蒂（1995）认为过去的流动经历以及机会不平等是人们形成流动预期的重要依据，因此，本章还将检验机会不平等对居民流动性预期的影响。具体地，笔者将使用下面的计量模型进行检验，

$$Expmob_i = \boldsymbol{Selfin\,t_i\beta'} + \boldsymbol{Opp_i\psi'} + \alpha_1 risk_i + \alpha_2 mobhist + \boldsymbol{X} * \boldsymbol{\Gamma'} + \varepsilon_i \quad (6-3)$$

流动性预期对居民再分配偏好的影响是一种经济利益机制，而机会不平等本身对再分配偏好的影响反映的是公平信念机制，它说明了人们认为什么样的公平需要再分配政策进行补偿，即居民对机会不公平的厌恶（而不是对结果不公平的厌恶）。如果机会不平等影响了居民的流动性预期，那么结合式（6－3）和式（6－1）、式（6－2）的结果，笔者可以认为，机会不平等不仅可以通过其自身的公平信念机制影响人们的再分配偏好，还可以通过经济利益机制间接地影响人们的再分配需求。

由于再分配偏好和流动性预期都是有序变量，所以本章沿用既有研究的通常方法使用有序Probit模型估计式（6－1）～式（6－3）。当

然，只要模型设定是恰当的，有序 probit 模型的估计结果在系数的符号和显著性方面与用 OLS 估计应该没有差别。故本章也用 OLS 估计部分结果以便与有序 probit 模型的估计结果进行对比。

6.3 检验结果与分析

6.3.1 基本结果

表 6－2 是利用 2006 年的 CGSS 数据估计式（6－1）得到的结果。式（6－1）的模型设定方式是既有研究中最为常用的设定方式（潘春阳和何立新，2011；2012）。但本章在既有研究的基础上，进一步考虑了流动经历和风险偏好，从而保证本章的估计结果比既有的研究结果更可信（皮凯蒂，1995；贝纳布和奥克，2001）。

第（1）列同时考虑了个体的当前经济利益和流动性预期，结果表明，无论是当前的经济利益还是预期的未来经济利益都是决定个体再分配偏好的重要因素。这在一定程度上支持了贝纳布和奥克（2001）的 POUM 假说。但 POUM 假说成立与否还与个体的风险偏好有关。对于一个非常厌恶风险的个体而言，即便是他预期自己未来的收入向上流动也仍然有可能支持再分配。所以不控制个体风险偏好的情况下，有可能对 POUM 假说做出错误的判断。为此，第（2）列进一步控制了个体是否是经济赌博的虚拟变量。控制了风险偏好特征之后，向下流动的居民仍然更倾向于支持再分配，向上流动预期对居民的再分配偏好影响仍然不明显。经常赌博的个体对再分配的需求更低，这和预想的结果是相符的。经常赌博的个体往往是风险爱好者，因此他们不太需要再分配来规避风险。第（3）列进一步控制了个体过去的流动经历。结果表明，过去的流动经历对个体当前的再分配偏好没有明显影响。这可能是由于过去的流动经历完全被用于个体预期未来的流动

(皮凯蒂，1995)，因此过去流动经历信息不再对再分配偏好有影响。事实上，如果不控制流动预期，可以发现，有向下流动经济的个体更倾向于支持再分配。第（4）列中用个体的社会经济地位流动作为流动预期的度量，结果与前面的结论是一致的。综合上述结论可以发现，经济利益机制在中国是成立的。

第（5）~(7）列进一步考查机会不平等对再分配偏好的影响。第（5）列从个人责任的角度进行分析。估计结果表明，那些认为穷困是因为穷人自己不愿工作的个体更不希望再分配。第（6）列从成功可控性角度进行分析。结果表明，认为成功是自己可控的个体有较低的再分配偏好，而那些认为成功不可控的个体有较高的再分配偏好。第（7）列同时考虑了两种机会不平等度量，结果表明，这两种机会不平等度量再分配偏好的影响都几乎没有变化。上述结果表明，机会不平等对居民再分配偏好有很重要的影响。这证实了公平信念机制在我国是成立的。

第（8）列是用 OLS 重新估计第（9）列所得到的结果，比较 OLS 估计和有序 probit 估计可以发现，两类估计结果在符号和显著性方面几乎没有差别。但 OLS 估计可以更直观地反映各个因素对再分配偏好影响的偏效应。表 6 - 2 中其余变量的估计结果也揭示了一些重要的再分配偏好决定因素。女性一般有更高的再分配需求。高学历的人往往愿意征收更高的税来帮助穷人。党员的再分配需求也较低。健康状况不好的居民再分配偏好更强烈。相对于少数民族的居民而言，汉族居民的再分配需求要更低。婚姻状况、年龄、工作状况、有无宗教信仰等都对个体的再分配偏好没有显著影响。

表 6 - 3 是利用 2010 年的 CGSS 估计式（6 - 1）得到的结果。首先，从家庭人均收入的系数来看，结果与 2006 年的结论是一致的，当前收入水平越高的人其再分配需求也越低。同理，第（1）~(5）列和（7）列的结果表明，社会家庭社会经济地位较高的居民更不倾向再分配，用个人的社会经济地位［第（6）列结果］也可得到类似的结论。

表 6 - 2　　机会平等、POUM 与再分配偏好——2006 年 CGSS 数据

	(1)	(2)	(3)	(4)	(5)	(6)	(7)	(8)
家庭人均收入	-0.020# (-1.624)	-0.019# (-1.555)	-0.018# (-1.447)	-0.017 (-1.436)	-0.017 (-1.436)	-0.018# (-1.504)	-0.018# (-1.482)	-0.013# (-1.597)
社会经济地位	-0.074*** (-4.939)	-0.071*** (-4.757)	-0.074*** (-4.745)	-0.083*** (-5.347)	-0.070*** (-4.471)	-0.069*** (-4.428)	-0.065*** (-4.124)	-0.040*** (-3.899)
向上流动预期	0.021 (0.732)	0.021 (0.755)	0.008 (0.253)	0.022 (0.628)	0.010 (0.302)	0.011 (0.335)	0.012 (0.366)	0.004 (0.202)
向下流动预期	0.174*** (3.295)	0.171*** (3.245)	0.157*** (2.750)	0.108* (1.875)	0.158*** (2.756)	0.151*** (2.654)	0.153*** (2.658)	0.089** (2.430)
经常赌博		-0.077** (-2.571)	-0.076** (-2.462)	-0.090*** (-2.953)	-0.068** (-2.175)	-0.089*** (-2.860)	-0.081** (-2.574)	-0.053*** (-2.632)
穷是因不愿工作					-0.050*** (-3.153)		-0.050*** (-3.125)	-0.030*** (-2.901)
成功因可控因素						-0.067*** (-2.667)	-0.067*** (-2.627)	-0.042*** (-2.594)
成功因半可控因素						0.206*** (7.219)	0.195*** (6.759)	0.120*** (6.473)
成功因不可控因素						0.054** (2.204)	0.060** (2.386)	0.041** (2.568)
收入上流动经历			0.003 (0.094)	0.000 (0.005)	0.006 (0.171)	0.002 (0.056)	0.004 (0.112)	0.005 (0.209)

续表

	(1)	(2)	(3)	(4)	(5)	(6)	(7)	(8)
收入下流动经历			0.019 (0.361)	0.040 (0.794)	0.015 (0.286)	0.013 (0.245)	0.009 (0.173)	0.006 (0.187)
SES 上流动经历			0.036 (0.928)	0.019 (0.458)	0.037 (0.962)	0.024 (0.636)	0.026 (0.681)	0.013 (0.536)
SES 下流动经历			0.051 (0.965)	0.059 (1.061)	0.063 (1.168)	0.046 (0.862)	0.056 (1.042)	0.030 (0.867)
性别	0.054** (2.007)	0.048* (1.779)	0.045# (1.619)	0.051* (1.849)	0.044# (1.557)	0.042# (1.509)	0.040 (1.427)	0.027# (1.466)
高中和中专	0.014 (0.397)	0.015 (0.435)	0.015 (0.417)	0.016 (0.430)	0.025 (0.682)	0.012 (0.342)	0.022 (0.604)	0.013 (0.531)
大专及以上	-0.075# (-1.504)	-0.083* (-1.661)	-0.076# (-1.455)	-0.060 (-1.145)	-0.075 (-1.419)	-0.069 (-1.306)	-0.067 (-1.267)	-0.042 (-1.220)
党员身份	-0.086* (-1.843)	-0.085* (-1.825)	-0.085* (-1.772)	-0.068 (-1.424)	-0.084* (-1.731)	-0.076# (-1.579)	-0.074# (-1.529)	-0.047# (-1.511)
已婚	-0.063 (-1.299)	-0.054 (-1.121)	-0.036 (-0.712)	-0.018 (-0.355)	-0.042 (-0.812)	-0.050 (-0.980)	-0.055 (-1.066)	-0.038 (-1.137)
离婚或丧偶	-0.047 (-0.623)	-0.039 (-0.518)	-0.040 (-0.507)	-0.031 (-0.392)	-0.043 (-0.533)	-0.060 (-0.760)	-0.062 (-0.777)	-0.038 (-0.742)
工作	0.003 (0.107)	0.002 (0.059)	-0.016 (-0.482)	-0.009 (-0.265)	-0.023 (-0.670)	-0.016 (-0.472)	-0.022 (-0.659)	-0.015 (-0.700)

续表

	(1)	(2)	(3)	(4)	(5)	(6)	(7)	(8)
不太满意健康	0.066 (0.809)	0.071 (0.860)	0.159* (1.848)	0.181** (2.127)	0.146* (1.688)	0.172** (2.003)	0.161* (1.855)	0.106* (1.888)
比较满意健康	0.053 (0.672)	0.057 (0.721)	0.138* (1.662)	0.160* (1.947)	0.118 (1.409)	0.148* (1.783)	0.130# (1.549)	0.088# (1.616)
非常满意健康	-0.014 (-0.167)	-0.007 (-0.081)	0.093 (1.054)	0.113 (1.294)	0.076 (0.850)	0.099 (1.118)	0.083 (0.930)	0.052 (0.899)
年龄	0.001	0.001	0.000	0.000	0.000	0.001	0.001	0.000
汉族	-0.060	-0.053	-0.101*	-0.107*	-0.114*	-0.120**	-0.130**	-0.081**
农村户口	-0.022	-0.035	-0.036	-0.031	-0.033	-0.015	-0.013	-0.010
有宗教信仰	-0.030	-0.034	-0.041	-0.047	-0.047	-0.039	-0.046	-0.031
省份虚拟变量	Yes	Yes	Yes	Yes	Yes	Yes	Yes	Yes
Log likelihood	-8091.3	-8088.0	-7551.0	-7652.3	-7428.9	-7502.8	-7383.8	
Pseudo/Adj R2	0.030	0.030	0.031	0.031	0.032	0.036	0.036	0.068
观测值	7628	7628	7158	7279	7052	7149	7043	7043

注：* $p<0.1$、** $p<0.05$ *** $p<0.01$ # $p<0.15$。下表同。

有向上流动预期的个体也不太倾向于再分配，而有向下流动预期的居民有较强的再分配偏好。这些结论都和表6-2中的结果一致，也进一步证实了经济利益机制以及POUM假说在我国是成立的。第（4）~（7）列进一步分析了机会不平等对再分配偏好的影响。令人费解的是，如果从成功可控角度进行分析的话，估计结果表明，无论是认为成功可控还是认为成功不可控，都有较强的再分配偏好，这与表6-2的结论是不一致的。但比较成功可控和不可控的估计系数可以发现，认为成功不可控的个体的再分配偏好更为强烈，这一点可以从第（7）列的OLS估计中看出来。笔者仔细分析了问卷中的各个问题后发现，越是认为个人努力对成功重要的个体越是有高的再分配需求，这一点和既有的实证研究结果以及实验研究结果都是矛盾的。因此，笔者认为2010年的问卷设计可能导致该问题存在较大的测量误差。2010年没有关于贫困的个人责任方面的问题，但询问了受访者对自己所得收入是否是其应得收入方面的问题。应得收入是指依据受访者工作努力程度、资历和能力等，他应该得到多少收入。如果受访者认为其所得收入不公平，不能反映其应得收入，那么可以认为该受访者的机会不公平感越强。通过相关性分析可以发现，越是认为自己的所得收入公平的个体越是认为个人努力对成功重要，但二者的相关性较低（0.1，显著相关）。事实上，统计结果显示，95%以上的个体认为个人努力对成功很重要，但认为自己实得收入公平和不公平的人比例相当。第（4）~（7）列的回归结果表明，越是认为自己实得收入不公平的个体越是有较强的再分配偏好。因为这部分个体认为自己的付出没有得到合理的回报，故希望通过再分配得到补偿。这和既有的研究实证与实验研究结果是相符的。表6-3中的其他控制变量包括表6-1中列出的变量以及省份虚拟变量。其他变量的估计结果基本上与表6-2是一致的，但也有少数例外。例如，2010年的估计结果表明，年龄越高的人越倾向于支持再分配，在工作的人更不愿意支持再分配。

表 6-3　机会平等、POUM 与再分配偏好——2010 年 CGSS 数据

	(1)	(2)	(3)	(4)	(5)	(6)	(7)
家庭人均收入	-0.178*** (-4.779)	-0.178*** (-4.793)	-0.185*** (-4.965)	-0.155*** (-4.247)	-0.162*** (-4.427)	-0.172*** (-4.683)	-0.159*** (-4.709)
社会经济地位	-0.102*** (-6.896)	-0.098*** (-6.517)	-0.093*** (-6.166)	-0.074*** (-4.759)	-0.069*** (-4.381)	-0.027*** (-3.875)	-0.070*** (-4.297)
向上流动预期		-0.046* (-1.857)	-0.043* (-1.715)	-0.039# (-1.547)	-0.036 (-1.405)	-0.041# (-1.622)	-0.038# (-1.451)
向下流动预期		0.124** (2.513)	0.119** (2.413)	0.113** (2.256)	0.108** (2.159)	0.119** (2.376)	0.092* (1.796)
成功可控			0.078*** (4.386)		0.084*** (4.637)	0.085*** (4.711)	0.062*** (3.330)
成功不可控			0.147*** (8.920)		0.145*** (8.608)	0.144*** (8.605)	0.162*** (9.390)
实得收入相对应得收入公平				-0.068*** (-7.395)	-0.070*** (-7.601)	-0.073*** (-7.923)	-0.069*** (-7.206)
其他控制变量	Yes	Yes	Yes	Yes	Yes	Yes	Yes
Log likelihood	-14518.9	-14258.7	-14206.8	-13788.8	-13738.4	-13755.6	
Pseudo/Adj R2	0.018	0.019	0.023	0.021	0.024	0.024	0.063
观测值	10111	9940	9940	9625	9625	9635	9625

6.3.2　流动性预期的异质性

在上面的分析中，笔者将流动性预期笼统地划分为向下预期、向上预期和水平预期。既有的研究中甚至将流动性简单地划分为向下预期和非向下预期（潘春阳和何立新，2011；2012）。这些粗略的划分可能会导致估计结果不能作为 POUM 假说的解释。例如，同样是向上预期，但这种预期对穷人和富人的再分配偏好影响可能就有很大的差异，富人向上预期意味着他会更富，而穷人向上预期仍有可能预期自己是穷人。为此，笔者按个体当前的经济地位和他们的流动预期将他们分为六类，然后利用式（6-2）估计。如果以高收入者水平流动为参照组，那么笔者可以将其余五个虚拟变量估计系数的符号和大小来检验POUM假说。将高收入者向上流动、高收入者向下流动、低收入者水平流动、低收入者向上流动和低收入者向下流动的系数分别记为γ_1、γ_2、γ_3、γ_4和γ_5。从估计系数的符号来看，γ_1的符号很可能为负，因为相对于高收入者水平流动而言高收入者向上流动更不愿意支持再分配，但另外，笔者预期水平流动的高收入者和预期向上流动的高收入者的实际社会经济地位和收入相对高低情况，更不清楚他们之间的绝对差异到底有多大，有可能水平流动预期的高收入者比向上流动预期的高收入者的收入和社会经济地位更高，反之也有可能。因此，γ_1也有可能为正，但从平均意义上来说，γ_1为负的可能性更大。同样的道理，γ_2的符号很可能为正。对于预期水平流动的低收入者而言，他们相对于水平流动的高收入者必然更希望再分配，所以γ_3应该为正。同理γ_5也应该为正。最后，2010年的数据表明，即便是低收入者有向上流动的预期，他们预期的经济地位也不太可能是中等以上，所以γ_4更有可能为正。从估计系数的大小上看，γ_1应该最小，γ_5应该最大。

表6-4是利用式（6-2）估计得到的结果。第（1）~（4）列用的是2006年的数据，第（5）~（6）列用的是2010年的数据。2006年的社会经济地位包含家庭社会经济地位和个人社会经济地位，流动预期包含个人收入的流动预期和个人社会经济地位的流动预期，因此有四种划分方式。第（1）列用家庭社会经济地位和个人收入流动预期划分；第（2）列用家庭社会经济地位和个人社会经济地位流动划分；第（3）列用个人社会经济地位和个人收入流动划分；第（4）列用个人社会经济地位和个人社会经济地位流动划分。2010年的社会经济地位也包含家庭和个人两个方面，但流动性预期只有个人社会经济地位，故有两种划分。从估计结果看，有向上流动和向下流动预期的高收入者与水平流动预期的高收入者没有明显的再分配偏好差异。估计系数γ_1和γ_2的符号虽然有变异，但基本上是符合前面的预期的。无论流动性预期如何，低收入者总是比有水平流动预期的高收入者有更为强烈

的再分配偏好。γ_4 显著为正进一步证实大部分有向上预期的低收入者并不会预期自己的收入有很大的上升幅度，即便是上升，他们的预期收入仍然可能是在低收入阶层。因此，一方面，他们还是偏好与再分配，这进一步解释了为什么表 6-2 中估计的向上流动预期系数为正。这一结果说明，笼统地将个体划分为向下预期和向下预期进行估计并不合理。另一方面，2006 年的估计结果显示 γ_4 大于 γ_3 这有可能是因为那些有向上预期的个体本来就是那些收入水平或社会经济地位较低的个体。最后，所有的估计结果都表明，有向下流动预期的低收入者具有最为强烈的再分配偏好，而有向上流动预期的高收入者的再分配偏好需求最低。这也与前面的推断是一致的。总而言之，本章的结论进一步证实了 POUM 假说在中国成立，但表 6-4 的结果提供了更为全面的信息，比既有研究的结论更丰富也更合理。

表 6-4　　POUM 假说的重新检验

	2006 (1)	2006 (2)	2006 (3)	2006 (4)	2010 (5)	2010 (6)
高收入者水平流动	参照组					
高收入者向上流动 (γ_1)	0.002 (0.031)	-0.050 (-0.975)	-0.006 (-0.110)	-0.071 (-1.323)	-0.046 (-1.392)	-0.062* (-1.701)
高收入者向下流动 (γ_2)	0.206# (1.629)	-0.064 (-0.498)	0.202# (1.449)	-0.097 (-0.695)	0.077 (1.169)	0.046 (0.684)
低收入者水平流动 (γ_3)	0.116** (2.433)	0.077** (2.060)	0.094* (1.892)	0.050 (1.282)	0.073* (1.843)	0.067* (1.690)
低收入者向上流动 (γ_4)	0.133*** (2.731)	0.154*** (3.185)	0.114** (2.244)	0.129*** (2.630)	0.047 (1.293)	0.038 (1.053)
低收入者向下流动 (γ_5)	0.264*** (3.635)	0.218*** (3.135)	0.245*** (3.342)	0.192*** (2.738)	0.217*** (2.894)	0.251*** (3.366)
家庭人均收入	-0.018# (-1.457)	-0.018# (-1.504)	-0.018# (-1.499)	-0.019# (-1.565)	-0.173*** (-4.697)	-0.175*** (-4.763)

续表

	2006 (1)	2006 (2)	2006 (3)	2006 (4)	2010 (5)	2010 (6)
高收入者水平流动	参照组					
成功可控	-0.068*** (-2.680)	-0.070*** (-2.780)	-0.069*** (-2.711)	-0.071*** (-2.803)	0.084*** (4.640)	0.086*** (4.773)
成功半可控	0.197*** (6.808)	0.194*** (6.791)	0.197*** (6.838)	0.195*** (6.817)	—	—
成功不可控	0.060** (2.394)	0.057** (2.287)	0.063** (2.530)	0.060** (2.424)	0.145*** (8.653)	0.145*** (8.665)
穷是因为不愿工作/实得收入不公平	-0.050*** (-3.112)	-0.048*** (-3.009)	-0.051*** (-3.200)	-0.048*** (-3.060)	-0.072*** (-7.775)	-0.073*** (-8.027)
其他控制变量	Yes	Yes	Yes	Yes	Yes	Yes
$\gamma_5 = \gamma_3$	0.019	0.026	0.014	0.023	0.055	0.012
Log likelihood	-7383.7	-7490.1	-7386.0	-7491.9	-13740.6	-13753.6
Pseudo/Adj R2	0.036	0.036	0.036	0.036	0.024	0.024
观测值	7043	7164	7041	7162	9625	9635

注：其他控制变量与表6-2或表6-3中的最后一列相同。

6.3.3 机会不平等的间接效应

人们对机会不平等的感知不仅影响他们的公平信念进而影响再分配偏好，机会不平等感知也会影响个体的流动性预期进而间接地影响他们的再分配偏好。因此，本章接下来的内容将讨论这一问题，即个体的机会不平等如何影响他们的流动性预期。

表6-5是利用式（6-3）估计得到的结果。第（1）~（4）列用的是2006年的数据，第（5）~（7）列用的是2010年的数据。第（1）列利用受访者对穷困个人责任的认知作为其机会不平等认知的代理变量。结果表明，那些认为穷困是穷人自身责任的个体更容易有向上流动的预期，这是与直觉相符的。因为如果穷困是穷人自身的责任而非

社会的机会不平等导致，那么所有的人都有同等的机会让自己的生活变得更好。第（2）列考虑的是受访者对可控因素和不可控因素对个人成功重要性的认识对其流动预期的影响。这些人为可控因素对个人成功重要的个体更容易有向上流动的预期。第（3）列同时考虑了上述两种机会等认知的代理变量。第（4）列将用个人社会经济地位的流动性预期替换了前面的个人收入流动预期，得到的结果仍然和前面的一致。第（5）列用受访者对自己实得收入是否公平，是否反映了其应得收入作为机会公平认识的代理变量。结果表明，越是那些认为自己的实得收入公平，能反映自己应得收入的个体，越是倾向于向上流动预期。第（6）列考查了个体对成功可控性认知的影响。第（7）列同时包含上述两种变量。比较2006年和2010年的结果可以发现，认为成功是自己可控的与人们的向上流动性预期有显著的正相关关系。但在2006年的估计中，认为成功不可控的个体在流动性预期方面没有显著差异，而在2010年的估计中，越是认为成功不可控的个体越是容易有向下流动的预期。当然，在两个的估计中，认为成功受不可控因素影响主要对流动性预期都有负面的效应。

表6－5　主观机会不平等与流动性预期

	2006				2010		
	(1)	(2)	(3)	(4)	(5)	(6)	(7)
成功可控		0.074*** (2.706)	0.076*** (2.753)	0.098*** (3.474)		0.091*** (4.383)	0.082*** (3.897)
成功半可控		-0.048# (-1.524)	-0.035 (-1.092)	-0.016 (-0.506)			
成功不可控		-0.027 (-1.006)	-0.040 (-1.437)	-0.020 (-0.726)		-0.088*** (-4.511)	-0.088*** (-4.466)
穷是因为不愿工作	0.039** (2.252)		0.043** (2.444)	0.048*** (2.698)			
实得收入不公平					0.027** (2.462)		0.023** (2.080)

续表

	2006				2010		
	(1)	(2)	(3)	(4)	(5)	(6)	(7)
家庭人均收入	0.009 (0.434)	0.010 (0.475)	0.009 (0.431)	-0.015 (-0.959)	-0.023 (-0.629)	-0.021 (-0.584)	-0.023 (-0.635)
社会经济地位	0.098*** (5.580)	0.094*** (5.415)	0.096*** (5.467)	0.121*** (6.824)	0.034* (1.823)	0.041** (2.266)	0.029# (1.539)
其他控制变量	Yes	Yes	Yes	Yes	Yes	Yes	Yes
Log likelihood	-5298.4	-5415.9	-5282.8	-4812.5	-7126.4	-7296.9	-7099.7
Pseudo/Adj R2	0.192	0.191	0.192	0.216	0.114	0.117	0.116
观测值	7264	7418	7248	7368	9720	10027	9709

注：其他控制变量与表 6-2 或表 6-3 中的最后一列相同。

6.4　本章小结

居民的再分配偏好是一个非常复杂的问题，决定居民再分配偏好的因素有很多，本章主要是从居民的主观机会不平等感知和流动性预期这两个方面对居民再分配偏好进行分析。

关于中国居民的再分配偏好研究是近几年的事情，相关的研究还并不完善。本章的经验研究在既有研究的基础上做了进一步完善，例如，在使用潘春阳和何立新（2011，2012）的“成功可控”和“成功不可控”划分方式检验机会不平等对再分配偏好影响时，本章进一步考虑了流动性经历这一重要因素。在检验 POUM 时，本章进一步控制了以往研究时遗漏的但却是研究再分配偏好必须加入的变量（如个体的风险偏好等），并且还进一步考虑了向上流动预期的异质性。本章的研究还表明，利用划分“成功可控”和“成功不可控”的方式检验机会不平等感知对居民再分配偏好的影响并不是合理的方式，因为同一方法用于不同年份的调查数据却得到完全相反的结论。为此，本章提供了另外两种方式检验机会不平等感知对再分配偏好的影响，这两种方式的结论是一致的。本章的实证结果还表明，主观机会不平等确实和居民的流动性预期相关，这一结论进一步证实了克拉克（2013）以及其他研究对机会不平等、结果不平等和社会流动之间关系的论述。

第 7 章

研究结论、政策建议与研究展望

多维福利和机会是森在能力分析法中提到的两个核心内容，前者的基本思想是：决定居民福利的因素包括货币和非货币的各个方面，政策分析、贫困问题和不平等问题都需要在多维福利的框架下进行，避免从单一的货币维度去考虑以上问题；后者的基本思想是：各种福利影响因素分配结果的形成既包含了个人责任因素的作用也有非个人责任因素的作用，因此结果的不平等并不是完全不合理的，真正不合理的不平等应该是非个人责任因素导致的不平等。虽然多维福利和机会都是能力分析法的重要内容，但本书在讨论这两个问题时采用的是相互孤立的方式，在探讨多维福利不平等问题时，本书关注的结果不平等，在探讨机会不平等时，本书关注的是收入的机会不平等。本书没有尝试去探讨结果不平等和机会不平等孰重孰轻的问题。但在本章后面的政策建议中，笔者实际上已经指出，结果不平等和机会不平等都应当关注。本书没有将多维福利和机会结合起来研究的另一个重要原因是，在多维空间中探讨机会不平等的方法还不成熟，目前只能用割裂的方法探讨机会不平等问题，本章的研究展望会说明这一点。

7.1 研究结论

本书的第 3 章利用 1991 ~ 2006 年的 CHNS 数据探讨了经济增长与福利增长相脱节的问题并借用序贯广义洛仑兹占优和一元占优之间的关系分析了这一现象背后的微观机制。如果仅用收入评价社会的福利增长，中国的经济增长确实使得社会福利水平有所增长，但如果考虑居民健康这个非货币维度，大部分年份间的福利都没有表现出明显的增长。导致这一结果的原因是很直观的。虽然居民的平均收入水平在提高，但不同健康类型的居民的收入增长却有很大差异，那些健康状况差的居民的收入水平没有得到明显的提高，部分年份间甚至在下降，而那些健康状况较好的居民的收入水平却有了显著的提高。在传统的单一收入维度下，无法考虑健康差异对居民福利的影响，也不能考虑不同居民的货币需求程度差异。但在健康和收入的二维空间下，笔者可以清晰地看到经济增长并没有使那些原本在非货币维度处于不利地位的居民在货币方面得到更多的补偿，从而使得整个社会的福利水平也没有得到明显的提升（由于考虑了居民健康的差异，单位收入增长对健康状况好的居民带来的福利增加小于带给健康状况差的居民的福利增长）。换言之，在相同的经济增长水平下，如果充分考虑了居民在非货币方面的差异，并结合这些差异更合理地分配经济增长的成果，那么社会福利可以得到更大的提高。第 3 章的分析不仅从微观视角对多维福利的重要性给出了直观的诠释，也说明中国居民的福利分布不平等情况较为严重，这是因为健康和收入之间存在相关，健康状况好的居民收入增长更快，结果是居民的福利分布更不平等。第 4 章进一步从收入、健康和教育三个方面估计了中国居民的福利分布不平等状况，估算了多维福利不平等对整个社会福利所造成的损失，分析了收入、健康、教育以及三者之间的相关性对整个福利不平等的影响，讨论了参数设置和不平等指标选取对各个估计结果稳健性的影响。估算结果表明，总体而言中的福利不平等存在有加剧的趋势，但相比较收入不平等的加剧而言，福利不平等加成的幅度要小于同期的收入不平等加剧幅度，这主要是因为同期的教育不平等下降，从而缓解了整个社会福利不平等的上升。多维福利不平等进一步损害了整个社会的福利水平，造成社会福利的损失。换言之，在社会总资源水平不变的情况下，更合理的分配方式能够使社会福利水平有更大的提高。与联合国开发计划署估计的结果相比，本书使用的数据更完善，得到的结果也更精确。从分解结果上看，收入不平等仍然是导致中国居民福利分布不平等的最主要因素，其次是教育不平等。健康不平等虽然在以往国内的经济学研究中受到更多的重视，但笔者的估计结果显示它对中国居民福利不平等的作用相对较小。更应该引起人们注意的是收入、健康和教育三者之间相关性对整个福利不平等的作用，三者间的相关性对福利不平等的解释力随着不平等厌恶系数的增加而上升。

在探讨中国的机会不平等问题时，本书选用了对多维福利不平等起主导作用的收入维度，分析了中国城市居民的收入机会不平等问题。结果表明，中国城市居民在获取个人收入时面临越来越严重的机会不平等，且机会不平等上升的速度要比收入不平等更大。这一结论说明，个人自身的努力程度以及其他个人责任因素在形成居民收入差距时的作用在弱化。因此，中国当前的收入差距中有不少一部分是不合理的。收入的机会不平等在年龄组间、性别间和地区间都有差异。高年龄组人群面临的收入机会不平等程度比低年龄组更大，并且各个年代出生的人群在刚进入劳动力市场时的机会不平等也有上升趋势。这说明收入的机会不平等既包含起点时的机会不平等也包含过程中的机会不平等，且起点时的机会不平等在加剧。女性在获取个人收入时面临着比男性更为严重的机会不平等。中西部地区的机会不平等也比东部地区严重。家庭背景因素在形成机会不平等中的作用也在不断增强。这些结果预示着中国的社会流动可能面临更加固化的问题。从居民的主观机会不平等感知上来看，机会不平等和居民的再分配偏好、流动性预期相关。越是认为机会不平等严重的个体越倾向于支持再分配政策，向上流动的预期也越低。

7.2 政策建议

本书认为多维福利和机会都是应该关注的问题，虽然本书在经验分析时将两个话题分开讨论，但结合这两个话题能给我们更多的启发。结合本书的结论，笔者认为以下几点是值得考虑的：

7.2.1 彻底告别“唯 GDP 论”和“以 GDP 论英雄”，民生发展纳入政绩考核

居民福利的多维度性不仅具有理论意义，更重要的是其实践意义。在改革开放以前，中国居民生活水平低下，贫困人口较多，在这种情况下，“唯 GDP 论”和“以 GDP 论英雄”政策导向自然有其可取之处。中国的发展经验也证实了经济发展的重要性和必要性。但随着人民生活水平的提高和贫困人口的减少，我们要将目标转向人民生活质量和福利的提高，要关注非货币方面的因素对居民生活质量的影响，尤其是不能以牺牲生活质量的非货币因素去追求经济的高速发展。否则我们将面临高经济增长低福利增长甚至是负福利增长的局面。

7.2.2 努力扭转收入差距格局，进一步缩小教育不平等，促进医疗与健康平等

收入不平等仍然是导致居民福利不平等的最主要因素，且随着教育服务的扩张和医疗服务的完善，收入不平等在福利不平等中的主导

作用将会愈加明显。因此，扭转收入差距不断扩大的局面将对抑制中国福利不平等加剧有非常重要的作用。教育不平等在福利不平等中的作用亦不可忽视。虽然中国居民的教育不平等在下降，但其在福利不平等中的作用仍占到30%左右，这说明促进教育公平仍然对促进福利公平有重要作用。收入、教育与健康三者间的相关性在福利不平等中的作用应该引起关注，要进一步扩大公共教育服务和公共医疗服务的供给，避免与收入相关的教育、健康和医疗服务利用不平等。

7.2.3 加快市场和制度法规的基础建设，完善市场竞争制度，促进机会公平

收入不平等中的机会不平等成分越来越大，尤其是家庭背景作用在不断上升，社会不平等在代际之间传递，社会流动固化。要抑制这一现象，可以从完善市场竞争制度和相关法律法规的建设等方面进行努力，促进职业市场竞争的透明性，避免家庭背景和社会关系等因素影响职业市场竞争。当然，解决社会阶层的固化是许多国家都面临的问题，改变中国的机会不平等问题也非易事。促进机会公平是一个长期并且艰巨的任务，除了制度上的建设以外，还要宣扬机会公平的思想，形成一个提倡机会公平的文化背景。

7.2.4 完善财政制度，优化财政支出结构，在发展成果全民共享的同时注重机会平等

从我国现阶段的现状来看，完全从机会公平的视角来看待和解决中国的不平等问题还不太合适。因为中国目前还有部分贫困人口的基本生活无法得到满足，这里的贫困并非传统意义上的收入贫困，而是多维贫困。如果一味地强调机会公平，有可能使得部分贫困人口的基本生活需求受到更进一步的剥夺。然而，中国也同时面临着保持经济

持续增长和跨越“中等收入陷阱”的挑战。如果中国在现阶段出现严重的机会不平等和社会流动固化等现象，那么中国将有可能跌入“中等收入陷阱”的深渊。因此，各种公共政策的制定，特别是财政政策，要权衡结果公平和机会公平。笔者认为，首先要减少多维贫困人口，促进居民在教育和医疗等公共服务方面享受平等的机会，使得全民享有经济发展的成果。在减少多维贫困人口的同时，要注重机会平等，促进经济发展向效率驱动转型，在结果公平和效率之间寻求平衡。

7.3 研究展望

本书从多维福利和机会这两个角度探讨了中国的不平等问题，为理解和应对中国当前社会的各个不平等现象提供了新的思路。但由于各种客观因素的限制，本书的研究还存在一些不足，这也是将来研究的重要方向。

首先，多维福利不平等的城乡分解问题。中国的城乡二元结构使得城市和农村在经济和社会发展方面有很大不同，这些差异意味着全国的福利分布不平等来自三个方面：一是城市内部的福利不平等；二是农村内部的福利不平等；三是城乡之间的福利不平等。本书在分析福利不平等问题时仅考虑了全国的福利不平等、城市内部的福利不平等和农村内部的福利不平等。由于多维福利不平等的各组分解理论尚不完善，本书没有能够探讨全国的福利不平等与城乡内部和城乡之间的福利不平等之间有什么关系。这在中国这样的二元结构下面是比较有现实意义的问题。当然，对此问题的探讨还需要理论方法的研究来进一步完善。

其次，在估算中国的多维福利不平等及其造成的社会福利损失时，本书采用了通常的参数设置方式，虽然本书对经验结论进行了大量稳健性分析，但所有的结论都是在人为给定的参数下进行的，这可能会导致本书的估算存在一定的偏误。更为精确的估计需要能真正反映中国居民偏好和不平等厌恶的参数，而这些参数的获得需要更多的实验研究。

再次，由于数据的限制，本书在探讨收入的机会不平等问题时选用了城市居民为样本。这使得相关的经验结果不适于推广到全国层面的机会不平等问题。然而，由于户籍制度、城乡地理位置差异等因素都是居民不可控的因素，这意味着将城乡居民放在一起考虑不仅非常有理论价值也非常有现实意义。

最后，本书没有研究中国居民在教育、医疗服务利用和健康方面的机会不平等，也没有在多维空间下探讨机会不平等问题。在数据可得的情况下，可以直接利用收入机会不平等的评估思想和方法研究教育和健康的机会不平等。但是在多维空间下如何度量机会不平等还需要更多的理论研究。

参考文献

[1] 蔡昉."中等收入陷阱"的理论、经验与针对性[J].经济学动态,2011(12):4-9.

[2] 蔡洪滨.中国应避免跌进中等收入陷阱主题报告,第十二届北大光华新年论坛,2011.

[3] 陈春良,易君健.收入差距与刑事犯罪:基于中国省级面板数据的经验研究[J].世界经济,2009(1):13-25.

[4] 陈国军,殷耀."机会不平等"是问题关键[J].瞭望,2009(2):23.

[5] 陈琳,袁志刚.中国代际收入流动性的趋势与内在传递机制[J].世界经济,2012(6):115-131.

[6] 陈钊,陆铭,佐藤宏.谁进入了高收入行业——关系、户籍与生产率的作用[J].经济研究,2009(10):121-132.

[7] 陈宗胜,李清彬.再分配倾向决定框架模型及经验验证[J].经济社会体制比较,2011(4):35-46.

[8] 陈宗胜,周云波.再论改革与发展中的收入分配[M].经济科学出版社,2002:26-29.

[9] 程永宏.改革以来全国总体基尼系数的演变及其城乡分解[J].中国社会科学,2007(4):45-60.

[10] 方福前,吕文慧.中国城镇居民福利水平影响因素分析——基于阿玛蒂亚·森的能力方法和结构方程模[J].管理世界,2009

(4)：17－26.

[11] 高杰，何平，张锐．“中等收入陷阱”理论述评［J］．经济学动态，2012（3）：83－89.

[12] 高明华．教育不平等的身心机制及干预策略——以农民工子女为例［J］．中国社会科学，2013（4）：60－80.

[13] 高勇．社会樊篱的流动——对结构变迁背景下代际流动的考察［J］．社会学研究，2009（6）：1－17.

[14] 郭建宇，吴国宝．基于不同指标及权重选择的多维贫困测量——以山西省贫困县为例［J］．中国农村经济，2012（2）：12－20.

[15] 胡怀国．从新古典主义到阿玛蒂亚·森的能力方法［J］．经济学动态，2010（10）：112－119.

[16] 胡联合，胡鞍钢，徐绍刚．贫富差距对违法犯罪活动影响的实证分析［J］．管理世界，2005（6）：34－44.

[17] 胡棋智，王朝明．收入流动性与居民经济地位动态演化的实证研究［J］．数量经济技术经济研究，2009（3）：66－80.

[18] 黄潇．与收入相关的健康不平等扩大了吗［J］．统计研究，2012（6）：51－59.

[19] 姜向群．就业中的性别歧视：一个需要正视和化解的难题［J］．人口研究，2007（3）：41－49.

[20] 江求川，张克中．中国劳动力市场中的“美貌经济学”：身材重要吗？［J］．经济学（季刊），2013（3）：983－1005.

[21] 李清彬．再分配倾向的决定：对既有文献的考察［J］．经济评论，2011（5）：119－129.

[22] 李实，丁赛．中国城镇教育收益率的长期变动趋势［J］．中国社会科学，2003（6）：58－72.

[23] 李实，罗楚亮．中国收入差距究竟有多大——对修正样本结构偏差的尝试［J］．经济研究，2011（4）：68－79.

[24] 李实，王亚柯．中国东西部地区企业职工收入差距的实证分

析［J］. 管理世界，2005（6）：16－26.

［25］李煜. 制度变迁与教育不平等的产生机制——国城市子女的教育获得（1966—2003）［J］. 中国社会科学，2006（4）：97－108.

［26］林相森，艾春荣. 对中国医疗服务利用不平等问题的实证检验［J］. 中国人口科学，2009（3）：86－95.

［27］刘精明. 中国基础教育领域中的机会不平等及其变化［J］. 中国社会科学，2008（5）：101－116.

［28］鲁元平，王韬. 收入不平等、社会犯罪与国民幸福感——来自中国的经验证据［J］. 经济学（季刊），2011（4）：1437－1457.

［29］马明德，陈福平. 什么决定了居民对再分配的需求［J］. 南方经济，2010（7）：15－27.

［30］潘春阳，何立新. 独善其身还是兼济天下——中国居民再分配偏好的实证研究［J］. 经济评论，2011（5）：20－29.

［31］潘春阳，何立新. 个人利益、分配公平与再分配偏好——基于中国微观数据的实证研究［J］. 南方经济，2012（11）：3－16.

［32］齐良书，李子奈. 与收入相关的健康和医疗服务利用流动性［J］. 经济研究，2011（9）：83－95.

［33］邵泽斌. 从“城市教育优先”到“城乡教育均衡”——新中国城乡教育关系述评［J］. 社会科学，2010（10）：74－79.

［34］万广华. 中国农村区域间居民收入差异及其变化的实证分析［J］. 经济研究，1998（5）：36－41.

［35］万广华. 不平等的度量与分解［J］. 经济学（季刊），2008（1）：347－368.

［36］万广华，张茵. 收入增长与不平等对我国贫困的影响［J］. 经济研究，2006（6）：112－123.

［37］王甫勤. 社会经济地位、生活方式与健康不平等［J］. 社会，2012（2）：125－143.

［38］王洪亮，刘志彪，孙文华，胡棋智. 中国居民获取收入的机

会是否公平：基于收入流动性的微观计量［J］. 世界经济，2012（1）：114-143.

［39］王美艳. 中国城市劳动力市场上的性别工资差异［J］. 经济研究，2005（12）：35-44.

［40］王思斌. 中国人际关系初级化与社会变迁［J］. 管理世界，1996（3）：184-191.

［41］王小林，Sabina Alkire. 中国多维贫困测量——估计和政策含义［J］. 中国农村经济，2009（12）：4-10.

［42］王亚峰. 中国年城乡居民收入分布的估计［J］. 数量经济技术经济研究，2012（6）：61-73.

［43］吴愈晓. 中国城乡居民的教育机会不平等及其演变（1978—2008）［J］. 中国社会科学，2013（3）：4-21.

［44］解垩. 与收入相关的健康及医疗服务利用不平等研究［J］. 经济研究，2009（2）：92-105.

［45］徐建炜，马光荣，李实. 个人所得税改善中国收入分配了吗——基于对1997—2011年微观数据的动态评估［J］. 中国社会科学，2013（6）：53-71.

［46］徐晓红，荣兆梓. 机会不平等与收入差距——对城市住户收入调查数据的实证研究［J］. 经济学家，2012（1）：15-20.

［47］杨爱婷，宋德勇. 中国社会福利水平的测度及对低福利增长的分析——基于功能与能力的视角［J］. 数量经济技术经济研究，2012（11）：3-17.

［48］杨俊，黄潇，李晓羽. 教育不平等与收入分配差距：中国的实证分析［J］. 管理世界，2008（1）：38-47.

［49］杨瑞龙，王宇锋，刘和旺. 父亲政治身份、政治关系与子女收入［J］. 经济学（季刊），2010（3）：871-890.

［50］尹恒，李实，邓曲恒. 中国城镇个人收入流动性研究［J］. 经济研究，2006（10）：30-43.

[51] 岳希明，徐静. 我国个人所得税的居民收入分配效应 [J]. 经济学动态，2012 (6)：16－25.

[52] 岳希明，徐静，刘谦，丁胜，董莉娟. 2011 年个人所得税改革的收入再分配效应 [J]. 经济研究，2012 (9)：113－124.

[53] 章元，刘时菁，刘亮. 城乡收入差距、民工失业与中国犯罪率的上升 [J]. 经济研究，2011 (2)：59－72.

[54] 章元，王昊. 城市劳动力市场上的户籍歧视与地域歧视：基于人口普查数据的研究 [J]. 管理世界，2011 (7)：42－51.

[55] 郑秉文. "中等收入陷阱"与中国发展道路——基于国际经验教训的视角 [J]. 中国人口科学，2011 (1)：2－15.

[56] 钟甫宁，刘华. 中国城镇教育回报率及其结构变动的实证研究 [J]. 中国人口科学，2007 (4)：34－41.

[57] 邹薇，方迎风. 怎样测度贫困：从单维到多维 [J]. 国外社会科学，2012 (2)：63－69.

[58] Aaberge, R., Mogstad M., and Peragine, V., Measuring Long-Term Inequality of Opportunity, Journal of Public Economics, 2011, 95: 193－204.

[59] Abul Naga, R. H., and Geoffard, P-Y., Decomposition of Bivariate Inequality Indices by Attributes, Economics Letters, 2006, 90: 362－367.

[60] Almas, I., Cappelen, A. W., Lind, J. T., Sorensen, E. O., and Tungodden, B., Measuring Unfair (in) equality, Journal of Public Economics, 2011, 95: 488－499.

[61] Alesina, A. and Angeletos, G. M., Fairness and Redistribution: US vs. Europe, American Economic Review, 2005, 95: 913－35.

[62] Alesina, A., Fuchs-Schundeln, N., Good Bye Lenin (or not?): The Effect of Communism on People's Preferences, American Economic Review, 2007, 97 (4): 1507－1528.

[63] Alesina, A., La Ferrara, E.: Preferences for redistribution in the

land of opportunities. J. Public Economics, 2005, 89 (5 -6): 897 -931.

[64] Alesina A. and Rodrik, D., Distributive Politics and Economic Growth, Quarterly Journal of Economics, 1994, 109 (2), 465 -490.

[65] Alesina, A., and Giuliano, P., Preferences for Redistribution, in Handbook of Social Economics, ed. by A. Bisin, andJ. Benhabib. North Holland. 2010.

[66] Alesina, A., Glaeser, E., Fighting Poverty in the US and Europe: a World of Difference. Oxford University Press, Oxford, 2004.

[67] Algan, Y., Cahuc, P., Civic attitudes and the design of labor market institutions: which countries can implement the Danish flexicurity model? IZA discussion paper 1928, 2006.

[68] Alkire, S. and Foster, J., Designing the Inequality-Adjusted Human Development Index (HDI), OPHI Working Paper, No. 37, 2010.

[69] Ali, I., Inequality and the Imperative for Inclusive Growth in Asia, Asian Development Review, 2007, 4 (2): 1 -16.

[70] Amiel, Y., Creedy J. and Hurn S, Measuring Attitudes towards Inequality, Scandinavian Journal of Economics, 1999, 101: 83 -96.

[71] Arneson, R., Equality of Opportunity for Welfare, Philosophical Studies, 1989, 56: 77 -93.

[72] Arneson, R., Liberalism, Distributive Subjectivism, and Equal Opportunity for Welfare, Philosophy and Public Affairs, 1990, 19: 158 -94.

[73] Atkinson A. B., On the Measurement of Inequality, Journal of Economic Theory, 1970, 2: 244 -263.

[74] Atkinson A. B., and Bourguignon F, The Comparison of Multi-Dimensional Distributions of Economic Status, Review of Economic Studies, 1982, 49: 183 -201.

[75] Atkinson, A. B. and Bourguignon, F., Income Distribution and Differences in Needs, in: G, Feiwel (Ed.), Arrow and the Foundations of

the Theory of Economic Policy, Macmillan, New York, 1987, 350 - 370.

[76] Banerjee A. K., A Multidimensional Gini Index, Mathematical Social Sciences, 2010, 60: 87 - 93.

[77] Bazen, S. and Moyes, P., International Comparisons of Income Distributions, Research on Economic Inequality, 2003, 9: 85 - 104.

[78] Becker, G. S., Philipson, T. J. and Soares, R. R., The Quantity and Quality of Life and the Evolution of World Inequality, American Economic Review, 2005, 95 (1): 277 - 291.

[79] Benabou, R. and E. Ok, Social Mobility and the Demand for Redistribution: the POUM Hypothesis, Quarterly Journal of Economics, 2001, 116: 447 - 487.

[80] Benabou, R. and J. Tirole, Beliefs in a Just World and Redistributive Politics, Quarterly Journal of Economics, 2006, 121 (2): 699 - 746.

[81] Bjorklund, A., Jantti, M. and Roemer, J. E., Equality of Opportunity and the Distribution of Long-Run Income in Sweden, Social Choice of Welfare, 2012, 39: 675 - 696.

[82] Bleichrodt H., Rohde K., and Van Ourti T., An Experimental Test of the Concentration Index, Journal of Health Economics, 2012, 31: 86 - 98.

[83] Bohlmark, A. and Lindquist, M. J., Life-Cycle Variations in the Association between Current and Lifetime Income: Replication and Extension for Sweden, Journal of Labor Economics, 2006, 24 (4): 879 - 896.

[84] Bourguignon, F., Ferreira, F. H. G. and Menendez, M., Inequality of Opportunity in Brazil, Review of Income and Wealth, 2007, 53: 585 - 618.

[85] Brambilla M. G., and Peluso E., A Remark on "Decomposition of Bivariate Inequality Indices by Attributes", Economics Letters, 2010, 108: 100.

[86] Cappelen, A. W. , Sorenson, E. O. and Tungodden, B. , Responsibility for What? Fairness and Individual Responsibility, European Economic Review, 2010, 54: 429 - 441.

[87] Carlsson, F. , Daruvala, D. and Johansson-Stenman, O. , Are People Inequality-Averse or Just Risk Averse? Economica, 2005, 72: 375 - 396.

[88] Chambaz, C. and Maurin, E. , Atkinson and Bourguignon's Dominance Criteria: Extended and Applied to the Measurement of Poverty in France, Review of Income and Wealth, 1998, 44: 497 - 513.

[89] Chavez Juarez, F. W. , Measuring Inequality of Opportunity with Latent Variables, Working paper, 2013.

[90] Checchi, D. and Peragine, V. , Inequality of Opportunity in Italy, Journal of Economic Inequality, 2010, 8 (4): 429 - 50.

[91] Cohen, G. A. , On the Currency of Egalitarian Justice, Ethics, 1989, 99: 906 - 44.

[92] Cojocaru, A. , Essays on Inequality, Social Mobility, and Redistributive Preferrences in Transition Economics, Charpt 3, 2012, 49 - 87.

[93] Corak, M. , Income Inequality, Equality of Opportunity, and Intergenerational Mobility, Journal of Economic Perspectives, 2013, 27 (3): 79 - 102.

[94] Cruces, G. , Perez-Truglia, R. and Tetaz, M. , Biased Perceptions of Income Distribution and Preferences for Redistribution: Evidence from a Survey Experiment, Journal of Public Economics, 2013, 98: 100 - 112.

[95] Dahlberg, M. , Edmark, K, andLundqvist, H. , Ethnic Diversity and Preferences for Redistribution, Working paper, 2012.

[96] Decancq K. , Decoster A. , and Schokkaert E. , The Evolution of World Inequality in Well-being, World Development, 2009, 37 (1): 11 - 25.

[97] Decancq K., and Lugo M. A., Inequality of Wellbeing: A Multidimensional Approach, Economica, 2012, 79: 721-746.

[98] Decancq K., and Lugo M. A., Weights in Multidimensional Indices of Wellbeing: An Overview, Econometric Reviews, 2013, 32 (1): 7-34.

[99] Decancq K., and Ooghe E., Has the World Moved Forward? A Robust Multidimensional Evaluation, Economics Letters, 2010, 107: 266-269.

[100] Devooght, K., To Each the Same and to Each His Own: A Proposal to Measure Responsibility-Sensitive Income Inequality, Economica, 2008, 75, 280-295.

[101] Duclos J. A., and Echevin D., Health and Income: A Robust Comparison of Canada and the US, Journal of Health Economics, 2011, 30: 293-302.

[102] Duclos J. A., Sahn D. E., and Younger S. D., Partial Multidimensional Inequality Orderings, Journal of Public Economics, 2011, 95: 225-238.

[103] Durante, R., Putterman, L. and van der Weele, J., Preferences for Redistribution and Perception of Fairness: An Experimental Study, Journal of the European Economic Association, 2013, forthcoming.

[104] Dworkin, R., What is equality? Part 1: Equality of Welfare, Philosophical Public Affairs, 1981a, 10 (3): 185-246.

[105] Dworkin, R., What is equality? Part 2: Equality of Resources, Philosophical Public Affairs, 1981b, 10 (4): 283-345.

[106] Ebert, U., Sequential Generalized Lorenz Dominance and Transfer Principles, Bulletin of Economic Research, 2000, 52 (2): 113-122.

[107] Erreygers G., and Van Ourti T., Measuring Socioeconomic Inequality in Health, Health Care and Health Financing by Means of Rank-De-

pendent Indices: A Recipe for Good Practice, Journal of Health Economics, 2011, 30 (4): 685 -694.

[108] Ferreira, F. H. G. and Gignoux, J. , The Measurement of Inequality of Opportunity: Theory and an Application to Latin America, Review of Income and Wealth, 2011, 57 (4): 622 -657.

[109] Ferreira, F. H. G, Gignoux, J. and Aran, M. , Measuring Inequality of Opportunity with Imperfect Data: the Case of Turkey, Journal of Economic Inequality, 2011, 9: 651 -680.

[110] Fleurbaey, M. , Three Solutions for the Compensation Problem, Journal of Economic Theory, 1995, 65 (2): 505 -21.

[111] Fleurbaey, M. Fairness, Responsibility, and Welfare. London: Oxford University Press, 2008, 220 -280.

[112] Fleurbaey M. , Beyond GDP: The Quest for a Measure of Social Welfare, Journal of Economic Literature, 2009, 47 (4): 1029 -1075.

[113] Fleurbaey, M. and Peragine, V. , Ex Ante Versus Ex Post Equality of Opportunity, Economica, 2013, 80: 118 -130.

[114] Fleurbaey, M. andSchokkaert, E. , Unfair Inequalities in Health and Health Care. Journal of Health Economics, 2009, 28 (1): 73 -90.

[115] Fleurbaey, M. and Maniquet, F. , Fair Social Orderings, Economic Theory, 2008, 34: 25 -45.

[116] Foster, James E. , McGillivray, Mark and Seth, Suman, Composite Indices: Rank Robustness, Statistical Association, and Redundancy, Econometric Reviews, 2013, 32 (1): 35 -56.

[117] Fong, C. , Social Preferences, Self-Interest, and the Demand for Redistribution, Journal of Public Economics, 2001, 82: 225 -246.

[118] Fong, C. , and Luttmer, E. , Do Fairness and Race Matter in Generosity? Evidence from a Nationally Representative Charity Experiment, Journal of Public Economics, 2011, 95 (5 -6): 372 -394.

[119] Gaertner, W. and Schwettmann, L., Equity, Responsibility and the Cultural Dimension, Economica, 2007, 74: 627 - 649.

[120] Gajdos T., and Weymark J. A., Multidimensional Generalized Gini Indices, Economic Theory, 2005, 26: 471 - 496.

[121] Glewwe, P., Household Equivalence Scales and the Measurement of Inequality: Transfers from the Poor to the Rich could Decrease Inequality, Journal of Public Economic, 1991, 44: 211 - 216.

[122] Gravel N., and Moyes P., Bidimensional Inequalities with an Ordinal Variable, In: M. Fleur-baey M., Salles and J. A. Weymark (Eds.), Social ethics and normative economics. Berlin: Springer, 2011, 101 - 127.

[123] Grossman M., The Demand for Health, 30 Years Later: A Very Personal Retrospective and Prospective Reflection, Journal of Health Economics, 2004, 23 (4): 629 - 636.

[124] Guillaud, E. Preferences for Redistribution: An Empirical Analysis over 33 Countries, Journal of Economic Inequality, 2013, 11: 57 - 78.

[125] Hart, H. L. A., Rawls on Liberty and Its Priority, In University of Chicago Law Review, 1973, 40: 534 - 555.

[126] Hassine, B. N., Inequality of Opportunity in Egypt, The World Bank Economic Review, 2011, 26 (2): 265 - 295.

[127] Idler, E. L., and Angel, R. J., Self-Rated Health and Mortality in the NHANE 21 Epidemiologic Follow-up Study, Journal of American Public Health, 1990, 80: 446 - 452.

[128] Jenkins, S. P., Lambert, P. J., Ranking Income Distributions When Needs Differ, Review of Income and Wealth, 1993, 39: 337 - 356.

[129] Justino P., Multidimensional Welfare Distributions: Empirical Application to Household Panel Data from Vietnam, Applied Economics, 2012, 44 (26): 3391 - 3405.

[130] Keely, L., and Tan, C., Understanding Preferences for Income Redistribution, Journal of Public Economics, 2008, 92: 944 -961.

[131] Knight, John, Sicular, Terry and YUE Ximing, Educational Inequality in China: The Intergenerational Dimension, CIBC Working Paper Series, Working Paper No. 201113, 2013.

[132] Klor, E. and Shayo, M., Social Identity and Preferences over Redistribution, Journal of Public Economics, 2010, 94: 269 -278.

[133] Kobus M., Attribute Decomposition of Multidimensional Inequality Indices, Economics Letters, 2012, 117: 189 -191.

[134] Kolm, S. C., The Optimal Production of Social Justice, InH. Guitton J. Margolis (Eds.), Public Economics, Macmillan, London, 1969, 145 -200.

[135] Kolm, S. C., Multidimensional Egalitarianisms, Quarterly Journal of Economics, 1977, 91: 1 -13.

[136] Koshevoy, G., The Lorenz Zonotope and Multivariate Majorizations, Social Choice and Welfare, 1998, 15: 1 -14.

[137] Krawczyk, M., A Glimpse through the Veil of Ignorance: Equality of Opportunity and Support for Redistribution, Journal of Public Economics, 2010, 94: 131 -141.

[138] Lefranc, A., Pistolesi, N. and Trannoy, A., Inequality of Opportunities Vs. Inequality of Outcomes: Are Western Societies All Alike? Review of Income and Wealth, 2008, 54 (4): 513 -546.

[139] Lefranc, A., Pistolesi, N. and Trannoy, A., Equality of Opportunity and Luck: Definitions and Testable Conditions, with an Application to Income in France, Journal of Public Economics, 2009, 93: 1189 -1207.

[140] Maasoumi E., 1986, The Measurement and Decomposition of Multi-Dimensional Inequality, Econometrica, 54 (4): 991 -998.

[141] Maasoumi E., and Yalonetzky G., Introduction to Robustness

in Multidimensional Wellbegin Analysis, Econometric Reviews, 2013, 32 (1): 1-6.

[142] Marrero, G. A. and Rodriguez, J. G., Inequality of Opportunity in Europe, Review of Income and Wealth, 2012, 58 (4): 597-621.

[143] Marrero, G. A. and Rodriguez, J. G., Inequality of Opportunity and Growth, Working Journal of Develop-ment Economics, 2013, 104: 107-122.

[144] McGillivray, M., and Pillarisetti, J. R., International Inequality in Well-Being, Journal of International Development, 2004, 16: 563-574.

[145] Mejia, D. and St-Pierre, M., Unequal Opportunities and Human Capital Formation, Journal of Development Economics, 2008, 86: 395-413.

[146] Meltzer and Richard, A Rational Theory of the Size of Government, Journal of Political Economy, 1981, 89: 914-927.

[147] Meyer, M. and Strulovici, B., Increasing Interdependence of Multivariate Distributions, Journal of Economic Theory, 2012, 147: 1460-1489.

[148] Moyes, P., Comparisons of Heterogeneous Distributions and Dominance Criteria, Journal of Economic Theory, 2012, 147: 1351-1383.

[149] Muller C., and Trannoy A., A dominance Approach to the Appraisal of the Distribution of Well-Being across Countries, Journal of Public Economics, 2011, 95: 239-246.

[150] Muller C., and Trannoy A., Multidimensional Inequality Comparisons: A Compensation Perspective, Journal of Economic Theory, 2012, 147 (4): 1427-1449.

[151] Ok, E. A. and Lambert, P. J., On Evaluating Social Welfare by Sequential Generalized Lorenz Dominance, Economics Letters, 1999, 63: 45-53.

[152] Ooghe, E., Sequential Dominance and Weighted Utilitarian-

ism, Economics Letters, 2007, 94: 208 -212.

[153] Ooghe, E., Schokkaert, E. and Van de Gaer, D., Equality of Opportunity versus Equality of Opportunity Sets, Social Choice and Welfare, 2007, 28 (2): 209 -30.

[154] Persson T. and Tabellini, G., Is ineqwualty Harmful for Growth? American Economic Review, 1994, 84 (3): 600 -621.

[155] Peragine, V., Ranking Income Distributions According to Equality of Opportunity, Journal of Economic Inequality, 2004, 2: 11 -30.

[156] Peragine, V. andSerlenga, L., Equality of Opportunity for Higher Education in Italy. In J. Bishop and B. Zheng (eds), Research in Economic Inequality, 2008, 16: 67 -97.

[157] Piketty, T., Social Mobility and Redistributive Politics, The Quarterly Journal of Economics, 1995, 110: 551 -84.

[158] Pirttila, J. and Uusitalo, R., A "Leaky Bucket" in the Real World: Estimating Inequality Aversion using Survey Data, Economica, 2010, 77: 60 -76.

[159] Ramos, X. and Van de gaer, D., Empirical Approaches to Inequality of Opportunity: Principles, Measures, and Evidence. IZA DP No. 6672, 2012.

[160] Rawls, J. A Theory of Justice. Cambridge: Harvard University Press, 1971.

[161] Ravallion, M., Lokshin, M., Who wants to redistribute? The tunnel effect in 1990s Russia, Journal of Public Economics, 2000, 76 (1): 87 -104.

[162] Ravallion M., On Multidimensional Indices of Poverty, Journal of Economic inequality, 2011, 9: 235 -248.

[163] Ravallion M., Mashup Indices of Development, The World Bank Research Observer, 2012, 27 (1): 1 -32.

[164] Roemer, J. E. , A Pragmatic Theory of Responsibility for the Egalitarian Planner, Philosophy and Public Affairs, 1993, 22: 146 - 166.

[165] Roemer, J. E. Equality of Opportunity. Cambridge: Harvard University Press, 1998.

[166] Roemer, J. E. , On Several Approaches to Equality of Opportunity, Economics and Philosophy, 2012, 28 (2): 165 - 200.

[167] Rothschild, M. and Stiglitz, J. E. , Increasing Risk: I. A Definition, Journal of Economic Theory, 1970, 2: 225 - 243.

[168] Rothschild, M. and Stiglitz, J. E. , Increasing Risk: II. Its Economic Consequences, Journal of Economic Theory, 1970, 3: 66 - 84.

[169] Sen A. , On Economic Inequality, Clarendon Press, Oxford, 1973.

[170] Sen, A. , Equality of What? in S. McMurrin, ed. , Tanner Lectures on Human Values, Volume 1, Cambridge: Cambridge University Press, 1980.

[171] Sen A. , Commodities and Capabilities, North Holland, Oxford, 1985.

[172] Sen, A. , Inequality Reexamined, Cambridge. MA: Harvard University Press, 1992.

[173] Sen A. , From Income Inequality to Economic Inequality, Southern Economic Journal, 1997, 64, 384 - 401.

[174] Sen, A. , The Idea of Justice, Harvard University Press, USA, Penguin Books, UK, 2009.

[175] Stiglitz, J. E. , Sen, A. and Fitoussi, J. P. , Mis-measuring Our Lives: Why the GDP Doesn't Add Up, The New Press, 2010.

[176] Sukiassyan, G. , Inequality and growth: What Does the Transition Economy Data Say? Journal of Comparative Economics, 2007, 35: 35 - 56.

[177] Thomas, Vinod; Wang, Yan and Fan, Xibo, Measuring Educa-

tion Inequality: Gini Coefficients of Education, Washington, DC: The World Bank, 2000.

[178] Trannoy, A., Multidimensional egalitarianism and the dominance approach: a lost paradise? In: Farina, F. and Savaglio, E. (Eds), Inequality and Economic Integration, Routledge, London, 2006, 282 - 302.

[179] Trannoy, A., Tubeuf, S., Jusot, F. and Evaux, M., Inequality of opportunities in health in France: afirst pass. Health Economics, 2010, 19 (8): 921 - 38.

[180] Tsui K. Y., Multidimensional Generalizations of the Relative and Absolute Inequality Indices: The Atkinson-Kolm-Sen Approach, Journal of Economic Theory, 1995, 67: 251 - 265.

[181] Tsui K.-Y., Multidimensional Inequality and Multidimensional Generalized Entropy Measures: An Axiomatic Derivation, Social Choice and Welfare, 1999, 16: 145 157.

[182] United Nations Development Progranme, The Rise of the South: Human Progress in a Diverse World, Human Development Report, New York: Palgrave-Macmillan, 2013.

[183] Vallentyne, P., Debate: Capabilities versus Opportunities for Well-being, The Journal of Political Philosophy, 2005, 13 (3): 359 - 371.

[184] Van Doorslaer E., and Jones A. M., Inequalities in Self-Reported Health: Validation of a New Approach to Measurement, Journal of Health Economics, 2003, 22: 61 - 87.

[185] Weymark J. A., Generalized Gini Inequality Indices, Mathematical Social Sciences, 1981, 1: 409 - 430.

[186] Weymark, J. A., The Normative Approach to the Measurement of Multidimensional Inequality, In: Farina, F., Garfinkel, E. S. (Eds.), Inequality andEconomic Integration, Routledge, New York, 2006: 303 - 328.

[187] World Bank. World Development Report 2006: Equity and De-

velopment. Washington, DC: World Bank, 2006.

[188] World Bank, Reducing inequality for shared growth in China: strategy and policy options for Guangdong province, Washington DC: World Bank, 2011.

[189] Wu, Xiaogang, Economic transition, school expansion and educational inequality in China, 1990 - 2000, Research in Social Stratification and Mobility, 2010, 28: 91 - 108.

[190] Yalonetzky, G., Stochastic Dominance with Ordinal Variables: Conditions and a Test, Econometric Reviews, 2013, 32 (1): 126 - 163.

[191] Zhang, Y. Q. and Eriksson, T., Inequality of Opportunity and Income Inequality in Nine Chinese Provinces, 1989 - 2006, China Economic Review, 2010, 21: 607 - 616.

[192] Zhong H, A Multivariate Analysis of the Distribution of Individual's Welfare in China: What is the Role of Health? Journal of Health Economics, 2009, 28, 1062 - 1070.

后　记

人类历史的发展始终伴随着对平等的诉求，这些诉求亦是人类文明发展的动力。探讨平等问题的文献源流悠远、卷帙浩繁。在浩如烟海的文献中，本书的工作仅沧海一粟罢了，但她凝聚了我多年的知识累积，也汇聚了诸多老师、同学及家人的帮助。

2009 年夏，我尚在华中科技大学数学系攻读硕士学位。偶然机会得以与良师张克中教授相识。我当时对经济学知识了解甚少，但对该学科颇感兴趣，故向张老师求教。张老师为人谦和，在其建议下，我于 2009 年暑期开始参加他组织的 567 Seminar。至此，我才与经济学结下渊源。在张老师的研讨班上，我结识了庄佳强博士、冯俊诚博士、鲁元平博士和王娟博士等师兄师姐。张老师博学睿智，严谨治学，注重基础理论培养，鼓励学生碰撞思想。在张老师的带领下，567 Seminar 学风向上，生机蓬勃。在研读经典文献时，张老师总能带领大家娓娓而谈；在面对学术难题时，张老师总能引导大家各抒己见。每见此情景，我无不为之心潮澎湃。因此，一年之后我决定“弃数从经”，跟随张老师攻读博士学位。

我虽勤奋好学，但生性驽钝，加之基础薄弱，入学之后张老师更是严格要求、悉心指导于我。在整个博士学习过程中，大到确定方向，小到稀句绘章，张老师无不一一指点。师兄冯俊诚为人率直，计量经济知识扎实，在其帮助下，我少走弯路，计量学习得以事半而功倍。

师兄鲁元平学思敏捷，与其交流总让我茅塞顿开。此外，马成、张天敏、何凌云、万欣、陶东杰等师兄妹们以及我其他的朋友们在我博士期间也给予不少帮助，在此一并表示感谢。

韶华易逝，光阴荏苒。自2004年我初入大学校园至今已十几年。在漫漫求学生涯中，我庆幸有家人的支持、帮助与陪伴。多年来，父母为培养吾及吾兄，虽已年近花甲，仍远离家乡，进城务工，节衣缩食，不辞辛苦。兄长虽仅大我一岁，但在学习和生活上均对我照顾入微。硕士期间幸与爱妻任洁相识，我们相互共勉，互分喜忧，一起走过硕博六年。也感谢她父母信任于我，愿将他们唯一的掌上明珠嫁于我为妻。

光阴流逝，不舍昼夜！纵有万千言语亦难抒我复杂之情感。文已至末，言亦将毕，唯望家人、恩师及同窗能策马扬鞭，再创硕果！

江求川

2018年7月